AI와 공익 광고

AI문고

인공지능 시대입니다. 기계가 인간의 인지를 대신하고, 사물이 인간을 통하지 않고 다른 사물과 직접 커뮤니케이션합니다. 이에 따른 인간 삶과 문명 변화를 정확히 이해·예측·대응하는 것은 이 시대 우리 모두의 과제입니다. AI문고는 인공지능 기술과 환경의 여러 주제를 10가지 키워드로 정리합니다. 관련 개념과 이론, 학계와 산업계의 쟁점, 우리 일상의 변화를 다룹니다. 인간과 기술의 현재, 미래를 세심히 분석합니다.

일러두기

- 인명, 작품명, 저서명, 개념어 등은 한글과 함께 괄호 안에 해당 국가의 원어를 병기했습니다.
- 외래어 표기는 현행 어문규정의 외래어표기법을 따랐습니다.

처음이세요?

전문가세요?

AI와 공익 광고

강승미

대한민국, 서울, 커뮤니케이션북스, 2026

AI와 공익 광고

지은이 강승미
펴낸이 박영률

초판 1쇄 펴낸날 2026년 1월 14일

커뮤니케이션북스(주)
출판 등록 2007년 8월 17일 제313-2007-000166호
02880 서울시 성북구 성북로 5-11
전화(02) 7474 001, 팩스(02) 736 5047
commbooks@commbooks.com
www.commbooks.com

ISBN 979-11-430-1653-9 03500

책값은 뒤표지에 표시되어 있습니다.

차례

AI와 공익 광고, 가능성과 시험대

공익 광고는 오랫동안 사회적 메시지를 널리 알리고 행동의 변화를 이끌기 위한 공적 도구로 기능해 왔다. 때로는 음주운전 방지와 같은 직접적 행동 교정을 촉구했고, 때로는 환경보호 · 차별 해소처럼 장기적인 인식 변화를 도모해 왔다. 이러한 메시지는 대체로 광고 전문가, 사회학자, 심리학자, 예술가 등이 협업해서 창출한 산물이었으며, 그 과정에서 '공익성'이라는 가치가 최우선에 놓였다. 그러나 오늘날 우리는 그 제작 주체와 방식에서 근본적 전환의 기로에 서 있다. 인공지능, 특히 생성형 AI의 등장은 광고의 언어와 이미지를 만들어 내는 주체를 인간에서 기계로 확장시켰다.

AI는 보조적 도구의 수준에 머물지 않고, 카피 문구를 제안하고 이미지를 합성하며 영상까지 제작할 수 있는 전방위적 창작 파트너로 자리 잡고 있다. 덕분에 공익 광고는 더욱 신속하게 제작되고, 다양한 버전으로 확산될 수 있는 가능성을 얻게 되었다. 그러나 동시에 메시지의 진정성, 신뢰성, 그리고 공익성이라는 핵심 가치가 시험대에 오르고 있다. 사람들은 과연 AI가 만든 메시지를 진심으로 받아들일 수 있을까? 혹은 AI가 만든 장면 속에서 인간적 감동과 사회적 책임을 동일하게 느낄 수 있을까? 이러한 물음은 기술 수용의 차원을 넘어, 커뮤니케이션의 본질을 다시 성찰하게 만든다.

AI의 도입은 공익 광고의 존재 이유를 새롭게 생각하게 하는 계기가 되었다. 공익 광고는 사회적 공감과 연대의 감정 위에서 작동해 왔지만, 이제 AI가 인간의 감정을 표현하고 사회 문제를 설명하는 주체로 나서게 되면서 '누가 말할 권리를 가지는가'라는 질문이 제기되고 있다. 문제의 핵심은 기술의 활용 방식보다, 인간의 감정을 대신 전할 수 있는 주체로서 AI를 받아들일 수 있는가에 있다. 이는 공익 광고가 지닌 윤리적 책임과 표현의 진정성에 새로운 기준을 요구하는 변화로 이어지고 있다.

이와 같은 변화는 광고 산업의 기술 혁신을 넘어 사회적 커뮤니케이션 전체의 방향을 바꾸는 징후로 읽힌다. 정부 주도 공익 광고, NGO 캠페인, 국제 기구의 인식 개선 사업 등 공공 영역의 커뮤니케이션이 모두 AI의 영향을 받게 되었고, 이는 곧 공익의 언어가 데이터와 알고리즘의 언어로 번역되는 과정을 의미한다. 즉, AI는 공익 광고를 사회적 담론 생산의 도구이자, 공공 정책 실행의 실험실로 바꾸어 놓고 있다.

AI와 공익 광고의 만남: 새로운 패러다임의 도래

생성형 AI의 등장은 공익 광고 산업의 방식을 크게 바꾸고 있다. 과거에는 광고 제작이 전문 인력과 비용, 시간이 많이 필요한 영역이었다면, 이제는 데이터와 알고리즘이 중심에 놓이면서 생산과 확산의 장벽이 크게 낮아졌다. 특히 AI는 대규모 데이터를 분석해 사회 문제의 양상과 여론의 변화를 파악하고, 그에 따라 가장 효과적인 메시지와 매체 전략을 설계할 수 있게 한다. 이를 통해 공익 광고는 메시지를 전달하는 수단 그 이상의 역할을 할 수 있게 되었다. 사회적 행동 변화를 실제로 이끌어 내는 실천의 장으로서 발전하고 있는 것이다.

이러한 변화는 기존의 광고 제작 패러다임을 재구성하는 측면도 있다. 과거에는 '창의적인 아이디어'가 중심이었다면, 이제는 '데이터 기반의 효용'이 중심에 놓인다. 광고의 효과가 과거보다 쉽고 빠르게 사회적 반응 데이터와 행동 변화율로 측정 가능하게 되었기 때문이다. AI는 이러한 변화를 실시간으로 측정하고 수정하며, 캠페인의 성과를 예측하는 알고리즘적 판단자로 기능한다. 이는 인간 중심의 직관적 제작 시스템이 기술 중심의 반복 실험 체계로 전환되고 있음을 의미한다.

최근 광고 캠페인 영역에서 '데이터 기반 의사 결정(data-driven decision making)'이 핵심 원리로 떠오르고 있다. 예를 들어 특정 사회 문제에 대한 여론 데이터와 뉴스 노출량, SNS 언급 패턴을 AI가 종합 분석해, 시민이 어떤 프레임에 더 민감하게 반응하는지를 예측할 수 있다. 이 과정에서 광고는 정보만 전달하는 활동이 아니라, 사회 인식의 틀을 재구성하는 알고리즘 기반 커뮤니케이션으로 기능한다. 공익 광고의 목적이 '올바른 선택을 돕는 것'이라면, AI는 이제 그 선택의 조건을 정밀하게 설계하는 조력자가 된 셈이다.

하지만 이 같은 효율 중심의 접근은 공익 광고가 지닌 본래의 정서적 가치와 충돌하기도 한다. 기술이 제시하는 '최적화'는 사람이 느끼는 불완전한 감정의 깊이를 대체하지 못할 수 있기 때문이다. 사회적 연대나 공감의 순간은 통계적으로 측정되지 않으며, 진정성은 알고리즘이 보장할 수 없는 영역이다. 그렇기에 공익 광고의 패러다임 전환은 기술적 진보의 문제가 아니라, 인간적 감수성과 사회적 책임이 어디까지 유지될 수 있는가를 가늠하는 시험대가 된다.

윤리적 쟁점과 행동 경제학적 통찰

AI가 제작 과정에 깊숙이 들어오면서 가장 먼저 제기되는 문제는 윤리적 쟁점이다. 딥페이크나 합성 이미지처럼 사실과 허구의 경계를 모호하게 만드는 기술은 공익 광고의 신뢰성을 훼손할 위험이 있다. 또한 개인화 알고리즘은 메시지를 정밀하게 타기팅할 수 있지만, 동시에 개인정보 침해 위험 문제를 불러온다. 또한 공익을 위한 목적이라 할지라도, 특정 집단의 취약성을 악용하거나 사회적 낙인을 강화할 수 있다는 점에서 신중한 검토가 필요하다.

이러한 문제는 기술의 윤리 준수 차원을 넘어, 커뮤니케이션의 도덕성과 표현의 공정성으로 확장된다. 예를 들어 빈곤, 장애, 성폭력 피해와 같은 민감한 주제를 다루는 공익 광고에서 AI가 합성한 인물이나 장면을 사용한다면, 그 사실을 명시해야 할까? 실제 피해자가 아닌 '가상의 인물'이 등장하는 광고가 시청자에게 동일한 공감을 줄 수 있을까? 이처럼 진정성(authenticity)의 문제가 우리의 예측보다 훨씬 깊은 사회적 논쟁을 불러일으킬 수 있다.

더 나아가, AI의 학습 데이터 자체가 사회적 편견을 내포하고 있다면 공익 광고의 메시지 또한 무의식적 차별을 재생산할 수 있다. 예를 들어 AI 이미지 생성 모델이 '가난한 사람'을 특정 인종이나 환경으로 자동 연상해 출력한다면, 이는 공익 광고의 윤리적 기반을 뿌리째 흔들 수 있다. 따라서 AI의 투명한 데이터 관리, 편향 검증, 표현의 다양성 확보는 공공 커뮤니케이션의 신뢰를 위한 선제적 필요조건으로 다뤄져야 한다.

이렇듯 공익 광고 제작에서 AI의 활용은 다양한 윤리적 쟁점을 동반하지만, 동시에 행동 경제학의 관점에서 새로운 가능성을 열어주기도 한다. 심리학과 행동 경제학은 사람들이 어떤 메시지에 반응하고, 어떤 맥락에서 행동을 바꾸는지를 설명해 왔다. AI는 이러한 통찰을 활용해 수많은 메시지를 실험하고 학습하면서, 효과적인 전달 방식을 찾아낼 수 있다. 물론 여기에는 위험도 따른다. AI가 산출한 최적화된 메시지가 언제나 공익 광고가 지향하는 가치나 목적을 담보하는 것은 아니다. 예를 들어, 공포심을 자극하는 방식은 단기적으로 행동을 바꿀 수 있지만, 장기적으로 불안과 회피를 심화시킬 수 있다. 그렇기에 행동 경제학적 접근은 AI 기반 공익 광고의 효과를 증폭시키는 동시에 윤리적 균형을 유지하는 장치로 기능해야 한다. 즉, 문제 해결의 전면적 해답은 아니지만, 공익성과 효과성 사이에서 균형을 모색하는 중요한 도구가 될 수 있다.

결국 AI를 공익 광고에 활용한다는 것은 기술적 혁신을 받아들이는 일일 뿐만 아니라, 인간 행동의 근본 메커니즘을 재정의하는 과정이기도 하다. 우리는 이제 사람이 기술을 설득하는 시대에서 기술이 사람의 행동을 설계하는 시대로 옮겨가고 있는지도 모른다. 이러한 변화 속에서 공익 광고가 어떤 위치를 지켜야 할지 점검할 필요가 있다. 기술 혁신의 파도 속에서 인간의 자유의지와 공공의 선이 어떤 방식으로 중심을 유지할 수 있을지를 묻는 일이다.

국내외 사례와 규제의 현주소

실제 사례를 통해 보면 변화는 이미 시작되었다. 국내에서는 한국방송광고진흥공사(KOBACO)가 AI 기반 데이터를 활용하여 사회 문제 캠페인의 효과를 측정하고 있다. AiSAC(AI Advertising Support and Creation System)' 플랫폼을 통해 텍스트와 이미지 생성, 실시간 피드백, 감성 분석이 결합된 광고 실험이 이루어지고 있다. 이는 공익 캠페인 기획 단계에서부터 AI 기술을 적극 활용하여, 광고 기획 단계를 보다 효율적으로 설계할 수 있게 하는 툴로서 긍정적인 평가를 받는다.

해외에서는 세계보건기구(WHO)나 유니세프가 AI 기반 이미지 · 영상 합성 기술을 활용해 기후 변화, 아동보호 등 전 지구적 이슈를 전달하는 캠페인을 실험했다. WHO의 'When You Smoke, I Starve' 캠페인이나 Plan International의 'Child Marriage' AI 영상처럼, 일부 캠페인은 AI로 제작된 이미지로 인해 논란을 불러오기는 했지만, 오히려 그런 문제들로 인하여 사회적 논의를 확장시키는 계기가 되었다. 이러한 시도들은 AI가 단순한 제작 도구에 머무르지 않고, 데이터에 기반해 사회 문제의 해결 실마리를 풀어나가는 유용한 도구가 되고 있음을 보여 준다.

한편, 이러한 시도와 더불어 규제와 거버넌스의 문제도 점차 부각되고 있다. 유럽을 중심으로 이미 정치 광고에서의 딥페이크 활용을 제한하거나, 광고물에 AI 생성 여부를 명시하는 방안을 논의 중이다. 한국은 AI 활용과 관련한 법 · 제도 정비에 본격적으로 착수했다. 2024년 말 「인공지능 발전 및 신뢰 기반 조성 등에 관한 기본법」이 제정되어 2026년 시행을 앞두고 있다. 이는 한국 최초의 포괄적 AI 기본법으로, 생성형 AI를 포함한 인공지능 전반의 안전성 · 투명성 · 책임성 확보를 위한 국가적 기준을 제시한다. 이 법은 공공과 민간 부문 모두를 포괄해 AI가 사회적 신뢰를 훼손하지 않도록 'AI 투명성 의무'와 '신뢰성 인증제도'를 마련하고, AI 생성물의 표시와 정보 공개를 제도화하는 방향으로 나아가고 있다. 향후에는 광고 영역, 더 나아가 공익 광고 영역에 초점을 맞추어 AI를 활용한 광고물이 사회적 신뢰를 얻기 위한 투명성 · 책임성 · 표시 의무 등 구체적 기준이 마련되어야 할 것이다.

또한 국제적으로는 UNESCO, OECD를 비롯한 주요 국제기구들이 '신뢰 가능한 AI(Trustworthy AI)'의 원칙을 거듭 강조하고 있으며, 그 논의의 초점은 점차 바뀌고 있다. 이제 문제는 AI 생성 여부를 밝히는 데 그치지 않는다. 핵심은 'AI가 만든 메시지가 어떤 책임과 진정성을 가져야 하는가'라는 보다 깊은 물음으로 옮겨가고 있다. 이러한 흐름은 공익 광고의 거버넌스가 기술 · 윤리 · 법이 맞물리는 복합적 구조로 재편될 것임을 예고한다.

공익 광고와 AI가 그리는 미래

이 모든 논의를 종합하면, AI와 공익 광고의 만남은 단지 일차원적으로 기술의 진보를 반영하는 현상이 아니다. 그것은 '공익성'이라는 사회적 가치가 디지털 시대에 어떻게 재구성될 수 있는지 보여 주는 상징적 장면이다. 앞으로의 공익 광고 제작은 더 빠르고 정교해질 것이며, 데이터 기반 맞춤형 메시지를 통해 더 큰 파급력을 가질 수도 있다. 그러나 그것이 진정한 공익으로 기능하기 위해서는, 윤리적 기준, 사회적 책임, 제도적 장치가 함께 마련되어야 한다.

이 책은 바로 이러한 맥락에서 쓰였다. 기술이 바꾸는 제작 방식과 확산 구조, 그 속에서 발생하는 윤리적 · 사회적 문제, 행동 경제학과 결합한 새로운 가능성, 그리고 실제 국내외 사례와 규제 논의까지 아우르며, 공익 광고가 나아가야 할 방향을 성찰한다. 궁극적으로 이 책은 AI 시대의 공익 광고가 '효율적인 메시지 전달자'에 그치지 않고, 사회적 신뢰와 책임을 견지하는 '공공 커뮤니케이션의 미래 모델'이 될 수 있는 길을 제시하고자 한다.

책의 구성

이 책은 AI 시대의 공익 광고 백서이자 디지털 윤리 커뮤니케이션의 안내서로 기능하도록 기획되었다. 이러한 집필 의도 아래 책의 구성은 현장 실무자, 정책 입안자, 시민 모두가 함께 읽을 수 있도록 설계되었다. 각 장에서는 실제 캠페인 사례, 제도적 논의, 이론적 프레임 등을 다루며, 학문적 분석과 사회적 실천 사이의 간극을 메우고자 했다.

총 10장으로 구성되어 있으며, 각 장은 기술의 발전과 공익 광고의 본질적 가치가 어떻게 교차하는지를 단계적으로 탐구한다. 특히 각 장은 단순히 주제를 나열한 것이 아니라, '기술 → 가치 → 제도 → 실행'이라는 4단계 구조로 설계되어 있다. 1~3장은 기술적 진보가 공익 광고 제작 구조를 어떻게 변화시키는지 설명하고, 4~6장은 행동 경제학, 윤리, 표현의 한계라는 가치 충돌의 영역을 다루며, 7~9장은 제도와 사례, 그리고 실제 적용 가능성을 통해 실천적 함의를 모색한다. 마지막 10장은 이러한 모든 논의를 다시 '사회적 신뢰의 형성'이라는 관점에서 재정리하며 공익 광고가 기술 혁신 시대에도 여전히 인간 중심의 커뮤니케이션으로 자리매김할 수 있는 길을 제시한다.

구체적으로 각 장을 소개하자면, 먼저 생성형 AI가 공익 광고 산업 전반에 미친 구조적 변화를 다루며(1장), 이어 공익 광고의 목표와 성과 측정 방식이 데이터 기반으로 어떻게 재편되는지 살펴본다(2장). 3장에서는 카피, 이미지, 영상 제작 과정에서 AI가 어떻게 메시지의 진정성과 맥락을 새롭게 구성하는지 검토한다.

이후 4장에서는 행동 경제학과 심리학을 토대로 AI가

메시지 실험과 행동 변화 촉진에 어떤 역할을 할 수 있는지 논의하며, 5장에서는 개인화 광고가 공익성과 사생활 보호 사이에서 부딪히는 윤리적 긴장 관계를 분석한다. 6장에서는 합성 영상 · 이미지가 공익 광고 제작 과정에서 오용될 위험과 그 사회적 파장을 다룬다. 이어 7장은 아동, 노인, 소수자 등 취약 계층 보호의 관점에서 국제 기준과 윤리 원칙을 검토한다.

8장은 국내외 규제 체계와 자율 규제 기구의 움직임을 분석하며, 9장은 KOBACO의 시도와 해외 캠페인 사례를 통해 현재 진행 중인 공익 광고 시장의 변화를 구체적으로 조명한다. 마지막 10장은 기술 · 윤리 · 정책이 교차하는 지점에서 공익 광고가 앞으로 나아가야 할 방향과 사회적 역할을 전망한다.

책의 구성 맥락을 따라가다 보면, 독자가 이해할 수 있는 것은 단일한 결론이라기보다 AI 시대의 공익 광고를 둘러싼 질문들이 어떤 맥락 속에서 제기되고 연결되는가일 것이다. 이 책이 제시하려는 것은 획일화된 정답이 아니다. 우리가 기술의 발전 속에서 무엇을 묻고 어떻게 성찰해야 하는가에 대한 사유의 틀이다.

우리는 이제 AI와 떼려야 뗄 수 없는 삶을 살고 있다. AI가 만든 이미지와 문장을 일상 곳곳에서 마주하지만,

그것이 인간의 언어와 감정, 맥락의 깊이와 얼마나 다를 수 있는지 비판적으로 성찰할 기회는 그리 많지 않다. 기술은 끊임없이 진보하고 있지만, 그 속도에 비해 우리의 가치와 윤리성에 대한 논의는 여전히 느리게 움직인다. 이 책은 바로 그 간극 속에서 출발한다. AI에 만들어 내는 표현이 인간의 진정성과 공공의 책임을 대체할 수 있는가? 그 한계는 어디에 있는가? 한계를 설정하는 기준은 어떻게 만들어야 사회적 합의를 이룰까? 이 책은 이러한 질문을 출발점으로 삼아, AI 시대의 공익 광고가 인간 중심의 커뮤니케이션으로 남을 가능성을 모색한다.

AI와 공익 광고는 이제 분리해서 사고할 수 없는 관계가 되었다. 기술은 끊임없이 진보하고 있으며, 사회는 그 속도를 따라가면서도 동시에 가치와 책임의 기준을 다시 세워야 한다. 이 책은 그 과정에서 던져야 할 질문들을 제시하고, 독자와 사회가 함께 답을 찾아갈 수 있도록 안내하는 역할을 하고자 한다.

01
왜 지금 AI와 공익 광고인가

디지털 전환의 흐름 속에서 공익 광고는 새로운 변곡점을 맞이하고 있다. 특히 인공지능의 도입은 제작 과정의 효율을 넘어, 메시지의 기획과 수용 방식 전반을 재구성하고 있다. 이제 공익 광고는 기술, 심리, 윤리가 교차하는 복합적 실험장이 되고 있다. 이 장에서는 생성형 AI가 등장하면서 제작 · 전략 · 윤리의 전 영역에서 어떤 변화를 불러오고 있는지를 살펴본다.

기후 위기와 인공지능?

생성형 AI 출현으로 인한 공익 광고의 지형 변화

공익 광고는 오랫동안 사회적 가치를 확산하고 개인의 행동 변화를 유도하는 주요한 수단이었다. 음주운전 근절, 금연, 환경 보호, 성평등 인식 확산 등 다양한 캠페인이 공익 광고를 통해 이루어졌으며, 사람들의 태도와 사회적 규범 형성에 적지 않은 영향을 미쳐왔다. 그러나 이런 과정은 언제나 현실적 제약과 함께했다. 아이디어 발상부터 기획, 촬영, 편집, 심의, 배포까지 이어지는 제작 절차는 길고 복잡했다. 메시지가 세상에 나올 즈음에는 이미 상황이 바뀌거나 논의가 다른 국면으로 넘어가 버리기도 했다. 또한 공익 광고는 상업 광고처럼 수익을 창출하지 않기 때문에 제작비를 충분히 확보하기 어렵다는 근본적 한계를 안고 있었다.

생성형 AI의 등장은 이러한 구조를 전면적으로 바꾸고 있다. AI는 시간을 절약하는 수준에 머물지 않고, 광고 제작의 방식을 새롭게 재편하는 기술로 자리 잡았다. 과거라면 수십 명의 인력이 수 주 동안 제작해야 했던 이미지와 영상이 이제는 텍스트 프롬프트 몇 줄만으로 수분 만에 생성된다. 하나의 메시지에서 수십 가지 버전을 뽑아내 즉시 비교·분석할 수 있고, 반응 데이터를 토대로 가장 효과적인 버전을 빠르게 선택해 집중 배포할 수 있다.

흥미로운 점은, AI가 제작 효율성의 차원을 벗어나 메시지의 설계 과정 자체를 변화시키고 있다는 것이다. 최근 청년층과 함께 AI를 활용해 전자담배 예방 광고를 제작한 연구는 이를 잘 보여 준다. 연구진은 청년 참여자와 함께 시안을 만들고, AI가 제시하는 다양한 버전을 실험했다. 그 결과, 기존 보건 기관이 제작한 광고와 비교했을 때 인지된 메시지 효과가 동등하거나 오히려 더 높게 나타났다(Leung et al., 2025). 이 연구는 AI가 사람을 대체하는 도구가 아니라, 수용자와 함께 메시지를 공동 설계하는 협력적 매개체가 될 수 있음을 보여 준다. 과거에는 전문가와 기관이 일방적으로 메시지를 만들었다면, 이제는 타깃 집단이 직접 목소리를 반영해 광고를 제작하는 참여형 과정이 가능해진 것이다.

AI는 데이터 분석과 전략 수립 과정에서도 강력한 기능을 발휘한다. 공익 광고의 성공은 메시지의 내용 못지않게, 언제 · 어디서 · 어떻게 전달되느냐에도 달려 있다. 유니세프가 중동 · 북아프리카 지역에서 진행한 백신 접종 주저(hesitation)에 대한 대응 프로젝트는 그 대표적 사례다. 유니세프는 소셜 미디어 데이터를 머신러닝으로 분석해 사람들이 가장 많이 언급하는 우려와 정서를 파악했다. 어떤 지역은 안전성 문제를, 또 다른 지역은 정부 불신이나 종교적 가치 충돌을 주요하게 언급했다. 이를 토대로 유니세프는 지역별 맞춤형 커뮤니케이션 자료를 제작했고, 결과적으로 캠페인의 설득력과 수용성을 높였다(UNICEF, 2021). 이는 공익 광고가 일방향적 전달 중심의 패러다임에서 변화하고 있음을 보여 준다. 데이터 기반 분석이 그 변화를 이끄는 핵심 동력으로 작용하고 있음을 드러낸다.

AI는 공익 광고를 상호 작용형으로 확장하는 데도 중요한 역할을 하고 있다. 예를 들어 최근 연구에 따르면, 금연 지원을 위해 개발된 AI 챗봇 로비(Roby)는 동기 강화 상담과 인지 행동 치료 기법을 활용해 흡연자와 대화를 이어갔다(He et al., 2025). 네덜란드에서 진행된 이 연구에서는 성인 흡연자 102명이 챗봇과 다섯 차례의 단계별 대화 세션을 거쳤는데, 약 18.6%가 금연을 유지했고 37.3%는 최소 7일간 금연에 성공했다. 참가자들은 점차 금연에 대한 자신감이 높아지고 갈망은 줄어드는 변화를 경험했다. 이러한 결과는 챗봇이 단순히 정보를 전달하는 데 그치지 않고, 대화를 통해 사용자의 동기를 강화하며 행동 변화를 꾸준히 지원할 수 있음을 보여 준다.

나아가 행동 경제학과 AI를 결합한 디지털 캠페인 방

식은 특정 집단을 겨냥한 메시지를 실시간으로 생성·배포하고, 사람들의 반응 데이터를 기반으로 점차 정교하게 개선해 나가는 형태로 발전하고 있다. 미국에서 진행된 HIV 예방 캠페인은 그 대표적인 사례다(Chan et al., 2025). 연구진은 소셜 미디어에 게시된 HIV 관련 글과 이용자들의 반응(좋아요, 공유, 클릭 등)을 AI로 분석하여 어떤 문구와 표현이 더 큰 관심과 참여를 이끌어 내는지를 실시간으로 파악했다. 이후 효과적인 메시지를 자동으로 선별해 배포하는 시스템을 운영함으로써, 기존의 일방향적 전달 방식을 넘어선 새로운 가능성을 제시했다. 이 방식은 공중 보건 메시지를 보다 신속하고 적합하게 확장할 수 있는 가능성을 보여 준다.

이처럼 AI는 공익 광고의 제작과 배포를 혁신적으로 변화시키고 있다. 더 이상 공익 광고는 전문가와 기관의 독점적 영역에 머무르지 않고, 수용자가 참여하고 AI가 협력하는 열린 제작 생태계로 확장되고 있다. 그러나 기술적 혁신이 가져오는 긍정적 변화만큼이나 새로운 과제와 고민도 분명히 존재한다. 특히 공익 광고는 사회적 신뢰를 기반으로 설득력을 얻는 영역이기 때문에, AI가 개입하면서 발생하는 윤리적 쟁점과 사회적 파급 효과를 반드시 함께 논의해야 한다.

AI 시대의 윤리, 행동 경제학, 그리고 미래 전망

AI와 공익 광고의 결합은 기술적 진보로만 설명될 수 없다. 그 변화의 이면에는 사회 심리적 요인과 윤리적 쟁점, 그리고 정책적 과제가 복합적으로 얽혀 있다. 이 가운데 주목할 만한 핵심은 신뢰다. 오늘날 사람들은 하루에도 수백 건의 메시지를 접한다. 스마트폰 알림, 소셜 미디어 게시물, 온라인 광고, 뉴스 속보가 끊임없이 쏟아지는 환경 속에서 사람들은 "어떤 메시지를 주목할 것인가, 어떤 메시지를 믿을 것인가"를 끊임없이 선택한다. 정보의 홍수는 단순히 피로감을 넘어, 메시지 자체에 대한 회의와 불신을 낳는다.

바로 그렇기 때문에 신뢰는 공익 광고에서 더욱 결정적인 조건이 되어 왔다. 공익 광고는 특히 발화 주체의 공신력에 크게 의존한다. 보건 당국이나 국제기구처럼 신뢰할 만한 기관이 메시지를 내면 설득력이 높아지지만, 출처가 불분명하거나 상업적 이해가 섞여 보이면 같은 내용이라도 효과가 떨어진다. 그런데 AI가 개입하면서 이 문제는 한층 복잡해졌다. 수용자는 인간이 만든 메시지와 알고리즘이 산출한 메시지를 구분하기 어렵고, 생성형 AI는 그럴듯한 표현으로 허위 정보를 대량 생산할 수 있다. 결국 기존의 질문인 "누가 말하는가"는 다시 중요해지며, 여기에 더해 “AI가 만든 메시지라 해도 인간이 만든 것과 똑같이 신뢰할 수 있는가”라는 새로운 질문이 뒤따른다. AI 기반 공익 광고에서 신뢰는 메시지 수용 여부를 결정하는 핵심 조건이 되는 것이다.

이런 맥락에서 행동 경제학은 AI 시대의 공익 광고를 설계하는 데 중요한 실마리를 제공한다. 공익 광고는 정보를 전하는 일에서 한걸음 더 나아가, 사람들의 행동 변화를 이끌고자 한다. 그런데 인간은 합리적 정보만으로 움직이지 않는다. 심리학과 행동 경제학의 연구는 사람들이 종종 무의식적인 습관, 사회적 규범, 인지된 편향에 따라 행동한다는 사실을 밝혀 왔다. 예컨대 같은 건강 메시지라도 “흡연은 당신을 아프게 한다”는 경고보다 “흡연은 가족을 아프게 한다”는 사회적 소구가 더 큰 효과를 내기도 한다.

이 지점에서 AI와 행동 경제학의 결합은 강력한 시너지를 낸다. AI는 방대한 데이터를 분석해 사람들이 실제로 어떤 상황에서 어떤 메시지에 더 오래 머무는지를 파악하고, 행동 경제학은 그 결과에 의미를 부여하며 인간 심리의 작동 원리를 해석한다. 특히 넛지 이론(nudge theory)은 선택의 자유를 제한하지 않으면서도 특정 행동을 더 쉽게 선택하도록 환경을 설계하는 방식을 설명한다. 여기에 AI가 더해지면, 어떤 집단이 어떤 넛지 방식에 특히 효과적으로 반응하는지를 실시간으로 파악할 수 있다. 그러나 동시에 '설득'과 '조작'의 경계가 어디인지에 대한 논란도 불가피하다. 상업 광고에서는 소비자의 선택을 유도하는 것이 당연한 목표라면, 공익 광고는 사회적 약자를 보호하고 시민 행동 변화를 촉진하는 특별한 책임을 지닌다. 그렇기에 AI가 개입하는 과정에서 발생할 수 있는 조작의 가능성은 공익 광고의 정당성과 신뢰성을 전면적으로 위협할 수 있다.

AI가 제작한 콘텐츠는 사실과 허구의 경계를 모호하게 하고, 제작자와 수용자 간의 신뢰를 흔들 수 있기 때문이다. 특히 딥페이크 기술은 공익 메시지를 효과적으로 전달하는 데 활용될 수도 있지만, 특정 집단이나 개인을 왜곡하거나 불필요한 공포를 조장하는 방식으로 악용될 위험도 크다. 이는 단순한 기술 문제가 아니라, 공익 광고라는 제도의 정당성과 수용성에 대한 도전이다. 또한 AI는 방대한 데이터를 분석해 특정 개인이나 집단의 취향, 관심사, 행동 패턴을 정밀하게 파악할 수 있다. 이는 공익 광고의 효과성을 극대화하는 강력한 수단이지만, 동시에 개인정보 침해와 감시 사회라는 우려를 불러온다. 공익 광고가 공공선을 지향한다고 하더라도 수용자가 느낄 수 있는 불편과 거부감은 무시할 수 없다.

정책적 차원에서 AI의 활용 역시 기회와 위험을 동시에 안고 있다. AI를 적극 활용한다면 한정된 예산 속에서 다양한 메시지를 빠르게 제작하고 실험할 수 있어 효율성이 높아진다. 연령 · 지역 · 성별 등으로 메시지를 세분화하는 맞춤형 전략도 가능하다. 나아가 반응 데이터를 즉각 수집해 메시지를 수정하는 실시간 피드백 구조를 갖출 수 있다. 그러나 다른 한편으로는 허위 정보 확산, 윤리적 경계 모호화, 개인정보 남용 등 사회적 위험이 뒤따른다. 이에 따라 정책적으로는 AI 광고 제작 단계에서부터 사실 검증과 출처 표기, 투명성 확보 등을 의무화해야 하며, 허위 정보에 대응하는 공적 카운터 메시지 시스템을 마련할 필요가 있다.

앞으로의 전망을 단정할 수는 없지만, AI와 공익 광고의 결합이 산업 구조와 사회적 커뮤니케이션 체계 전반에 전진적이면서도 구조적인 변화를 가져오고 있음은 분명하다. 이제 공익 광고는 더 이상 국가 기관이나 대형 미디어 기업만의 전유물이 아니다. AI 도구의 보급은 일반 시민과 지역 공동체가 손쉽게 공익 메시지를 제작하고 확산할 수 있는 환경을 만들었다. 이는 긍정적으로는 공익 메시지의 다양성과 참여의 폭을 넓혔지만, 동시에 공익과 사익, 집단적 가치와 개인적 주장 간의 경계가 흐리게 만드는 문제를 낳고 있다. 따라서 AI와 공익 광고의 결합은 단순한 기술적 효율성이나 혁신의 차원을 넘어, 공익 광고의 존재 이유와 사회적 역할을 다시 묻는 계기가 되고 있다. 공익 광고가 사회적 공공선을 증진하고 시민의 삶을 개선하는 도구로 남기 위해서는, AI 기술이 제공하는 가능성과 윤리적 한계를 모두 성찰하는 시각이 필요하다. 기술적 진보와 사회적 책임, 효과성과 정당성 사이의 균형을 찾는 일, 이것이야말로 AI 시대 공익 광고가 직면한 가장 중요한 과제일 것이다.

참고문헌

Chan, M. P. S. et al.(2025). Living health-promotion campaigns for communities in the United States: Decentralized content extraction and sharing through AI. *PNAS nexus, 4*(6), pgaf171.

He, L. et al.(2025). Chatting your way to quitting: A longitudinal exploration of smokers' interaction with a cessation chatbot. *Internet Interventions, 39*, 100806.

Leung, J. et al.(2025). Generative artificial intelligence with youth codesign to create vaping awareness advertisements. *JAMA Network Open, 8*(7), e2514040.

UNICEF(2021). Tackling the infodemic using conversational insights – Case Study of UNICEF Response in MENA.

02
공익 광고의 목표와 성과 측정의 재구성

공익 광고의 성과를 어떻게 측정할 것인가는 오랜 과제였다. 사람의 인식과 감정, 사회적 규범의 변화를 다루는 영역이지만, 현장의 평가는 언제나 클릭률 · 도달률 같은 단기 지표에 집중되어 있었다. 그러나 AI의 등장 이후, 이러한 평가 체계는 새로운 형태로 바뀌는 중이다. AI는 광고 효과를 정의하고 성과를 해석하는 방식 자체에 영향을 미치고 있다. 이 장에서는 기술의 진화와 공익 광고의 실무의 변화라는 두 관점을 중심으로, 광고 효과 측정 패러다임 전환 과정을 살펴본다.

노래하는 AI 보컬?

결과 중심의 시대에서 '경로의 논리'로

광고 효과를 정량적 지표로 평가하려는 접근은 오랜 기간 실무의 표준으로 자리해 왔다. 도달률, 빈도, 인지도, 클릭률, 매출 변화 같은 지표는 캠페인을 비교하고 예산을 설명하기에 명확했다. 그러나 AI가 등장한 이유가 이러한 한계를 해결하기 위해서였던 것은 아니다. AI는 기술의 진보 속에서 자연스럽게 등장했고, 그 기능이 정교해지면서 광고 산업의 오랜 난제, 즉 '사람의 행동 변화를 얼마나 정확히 읽어낼 수 있는가'라는 질문에 응용되기 시작했다. AI가 발전하면서 광고 효과 측정의 방식을 재정의하게 된 것이다.

디지털 시대의 이용자는 TV, 유튜브, 포털, SNS, 커뮤니티를 자유롭게 넘나들며 하루에도 수십 번 같은 메시지를 다른 문맥에서 접한다. 결국 한 사람의 '설득 여정'은 단일 매체의 결과가 아니라 복수의 접점이 서로 영향을 주고받으며 형성되는 복합적 과정이다. 그럼에도 기존의 분석 체계는 이 복합성을 포착하지 못했다. 성과를 '마지막 클릭'에만 귀속시켜 초기 인식 변화나 중간 단계의 정서적 강화 누적 효과를 과소평가했다. 이런 방식으로는 공익 캠페인의 사회적 파급력 – 예컨대 태도 변화, 규범 형성, 지역 공동체의 실천 – 을 정확히 읽어내기 어렵다.

2016년 발표된 한 연구는 이런 문제를 잘 보여 준다. 당시 한국질병관리본부가 제작한 심혈관 질환 예방 공익 광고의 효과를 독립 연구진이 실증적으로 분석한 결과, 노출된 집단은 건강 행동 의지와 예방 태도가 뚜렷하게 개선되었지만, 광고에 실제로 노출된 인구 규모가 작아 전체 사회 수준의 파급은 제한적이었다(Jang et al., 2016). 연구 결과는 메시지의 품질이 높더라도 전달 구조가 좁으면, 결과 지표만으로는 실질적 변화를 과소평가할 수 있다는 것을 보여 준다. 이런 이유로 최근의 연구들은 '얼마나 많이 보았는가'보다 '어떤 경로를 거쳐 변화가 일어났는가'에 주목하고 있다.

AI는 이러한 공백을 메우는 도구로 부상했다. 데이터 기반 어트리뷰션(Data-Driven Attribution, DDA)은 노출의 순서, 채널 조합, 반복 간격, 시간적 지연을 학습해 각 접점이 전체 결과에 기여한 정도를 추정한다(Shao & Li, 2011). 쉽게 말해 TV가 관심을 열고, 유튜브가 감정을 자극하며, SNS가 마지막 결심을 붙잡는다면, 그 세 단계를 정량적으로 나누는 방식이다. 이는 단순한 효율 계산을 넘어, '변화가 어디서 시작되고 어떤 요인으로 완성되는가'를 과학적으로 설명하는 새로운 접근이다.

이와 더불어 AI는 인과적 효과를 탐색하는 실험적 접근을 강화한다. 페이스북에서 수행된 미국 내 15개의 광고 무작위 실험 데이터를 분석한 결과, 약 5억 명의 이용자 관측치와 16억 건의 광고 노출을 활용했음에도 관찰 데이터 기반 분석은 무작위 실험에서 확인된 광고 효과를 일관되게 재현하지 못한 것으로 나타났다(Gordon et al., 2019). 광고 노출이 무작위로 이루어지지 않는 이상 수천 개의 변수와 복잡한 모델을 사용하더라도 인과 관계를 정확히 추정하기 어렵다는 것이다. 이 연구는 업계가 단순 상관 분석을 넘어 무작위 통제 실험(RCT)이나 준실험 설계로 이동해야 한다는 필요성을 강조했다. AI는 이런 전환의 촉진제다. 대규모 데이터 속에서 실험군·통제군을 자동으로 추출하거나, 무작위 배정이 불가능한 상황에서 인과 추론을 보완하는 방식으로 활용된다.

또한 AI는 실시간 학습을 가능하게 한다. 예전에는 캠페인이 끝난 후 보고서로만 성과를 확인했다면, 이제는 검색량, 댓글의 정서 변화, 공유 속도 같은 디지털 신호를 실시간으로 분석해 전략을 조정할 수 있다. 예를 들어 금연 광고에서 '경고' 중심 문구가 반발을 불러일으킨다면 AI가 그 신호를 감지하고, 다음 주부터는 '지지' 중심 메시지로 전환하는 식이다. 이렇게 측정과 집행이 맞물리면, 광고는 평가의 대상이 아니라 운영 중 학습하는 시스템으로 진화한다.

데이터로 읽는 여론과 공공 커뮤니케이션의 전환

AI는 온라인 담론의 정서와 주제 패턴을 정밀하게 읽어낸다. 트위터나 커뮤니티, 뉴스 댓글에서 긍정 · 부정 정서나 특정 키워드의 확산 양상을 추적함으로써 캠페인에 대한 실시간 반응을 수치로 환산할 수 있다(Huang, et al., 2024). 이 분석은 전통적인 여론조사보다 훨씬 빠르게 작동한다. 조사는 월 · 분기 단위로 표본을 추출해야 하지만, 온라인 데이터는 시간 단위로 수집되고 응답 편향이 적으며, 세부 집단별 이상치를 즉시 포착할 수 있다. 물론 이러한 데이터가 대표성을 담보하지는 않지만, AI의 분석 속도와 규모는 여론의 흐름을 조기에 읽어내는 강력한 보완재가 된다.

최근 연구는 이러한 기법이 공익 캠페인에 실질적으로 적용될 수 있음을 보여 준다. 예를 들어 백신 정보 확산을 다룬 JMIR Medical Informatics(2024) 논문은 트위터 데이터를 기반으로 부정적 정서가 급증하는 시점과 지역을 자동 탐지했고, 이를 통해 보건 당국이 오해나 루

머가 커지기 전에 정정 메시지나 지역 리더의 발언을 강화하도록 제안했다. 이 사례는 AI는 반응 기록 도구에서 나아가, 위험 신호를 조기에 포착하고 정책 커뮤니케이션의 대응력을 높이는 방향으로 발전하고 있음을 보여 준다.

한국에서도 이러한 흐름이 시작되고 있다. 한국방송광고진흥공사(KOBACO)의 AiSAC 플랫폼은 AI를 활용해 광고 영상을 자동 분석하고, 장면 구성 · 표정 · 색채 · 톤 같은 요소를 정량화해 유사 사례를 추천한다(KOBACO, 2023; BrandBrief, 2023). 또한 빅데이터 트렌드 분석, AI 카피라이팅, 스토리라인 생성 기능을 통해 공익 광고의 제작 과정을 데이터 중심의 반복 실험 구조로 전환하고 있다. 코바코 보도자료와 언론 보도에 따르면, AiSAC은 공공 광고뿐 아니라 사회 캠페인 전반의 기획부터 측정, 개선에 이르는 전 과정을 아우르는 통합 시스템으로 발전하고 있다. 이러한 변화는 공익 광고가 하나의 창작물에서 벗어나, 지속적으로 학습하고 개선되는 운영 체계로 이동하고 있음을 보여 준다.

다만 기술의 발전이 투명성 논의와 함께 이루어지지 않는다면 신뢰의 기반이 쉽게 흔들릴 수 있다. AI가 만든 콘텐츠는 진위를 가리기 어렵고, 알고리즘의 판단 근거

역시 외부에서 명확하게 파악하기 어렵다. 따라서 공익 광고 영역에서는 전면 공개보다는 상황에 맞게 정보를 공개하는 비례적 투명성의 원칙이 요구된다. 합성 미디어를 사용할 때는 이를 명확히 표시하고, 성과 평가에 활용한 지표와 검증 절차를 요약 공개하며, 외부 전문가가 일정 부분 데이터를 검증할 수 있는 감사 프로토콜을 마련하는 것이 현실적인 방향이다. 이는 영업 비밀을 보호하면서도 공공 신뢰를 확보할 수 있는 절충점이다.

결국 AI가 만들어 내는 변화의 본질은 기술적 효율이 아닌, 공공 커뮤니케이션의 작동 방식을 새로 설계하는 데 있다. AI는 공익 광고를 설득 중심의 활동에서 데이터와 피드백을 활용해 학습하는 체계로 발전시키고 있다. 이제 공익 광고는 일방적으로 메시지를 전달하는 수단이 아니라, 시민의 반응을 수집하고 이를 기반으로 전략을 조정하며 성장하는 상호적 커뮤니케이션으로 기능한다.

AI는 단순한 노출 확대가 아니라, 보다 정확하고 공정한 분석을 통해 광고가 실제로 어떤 변화를 이끌어내는지를 이해하도록 돕는 방향으로 활용되어야 한다. 이러한 접근은 공익 광고를 기술 중심의 영역에서 사회적 학습의 장으로 확장시킨다. 측정 · 예측 · 피드백이 순환 구조를 이루는 순간, 공익 광고는 메시지 전달의 단계를 넘어 사회적 변화를 촉진하는 학습 시스템으로 발전하게 될 것이다.

참고문헌

KOBACO(2023.2.1). "AI를 활용해 누구나 광고 기획부터 카피라이팅까지".

Gordon, B. R. et al.(2019). A comparison of approaches to advertising measurement: Evidence from big field experiments at Facebook. *Marketing Science, 38(2),* 193~225.

Huang, L. C. et al.(2024). Natural Language Processing-Powered Real-Time Monitoring Solution for Vaccine Sentiments and Hesitancy on Social Media: System Development and Validation. *JMIR Medical Informatics, 12(1)*, e57164. https://doi.org/10.2196/57164

Jang, J. et al.(2016). The effect of public service advertising on cardiovascular disease in Korea. *Iranian Journal of Public Health, 45*(8), pp.1029~1037.

Shao, X. & Li, L.(2011). Data-driven multi-touch attribution models. *Proceedings of the 17th ACM SIGKDD International Conference on Knowledge Discovery and Data Mining,* pp.258~264.

03
AI로 만드는 공익 광고

과거의 공익 광고가 “좋은 메시지를 만들어 많은 사람에게 보여 주는 일”이었다면, 오늘날의 공익 광고는 “누구에게, 어떤 맥락에서, 어떤 형식으로 보여 줄 것인가”를 중심으로 재편되고 있다. 이 장에서는 생성형 AI가 광고 제작의 효율과 표현의 폭을 확장하는 동시에, 공익 광고의 핵심 가치인 진정성과 사회적 맥락의 재구성을 어떻게 요구하는지 살펴본다.

인공지능과 편향?

제작의 자동화에서 맥락적 생성으로

공익 광고는 언제나 자원과 시간의 제약 속에 존재해 왔다. 제한된 예산, 짧은 기획 기간, 공공 기관의 절차적 한계 속에서 창의성보다는 가능한 속도와 범위가 더 중요한 판단 기준이 되곤 했다. 그러나 최근 몇 년 사이, 생성형 AI(Generative AI) 등장으로 이 구조에 변화의 여지가 생겼다. AI는 비용을 줄이거나 제작 속도를 높이는 데 그치지 않는다. 메시지를 다양한 맥락과 형식에 맞춰 실험하고 조정할 수 있게 하면서, 공익 광고의 기획 과정 전체를 더 유연하고 역동적인 방향으로 이끌고 있다. 텍스트 카피, 이미지 비주얼, 영상 모션 그래픽 등이 AI에 의해 자동 생성 · 보조되면서, 광고 제작의 흐름은 "초안 작성-테스트-보완"의 반복적 순환 구조로 바뀌고 있다. 과거에는 예산과 인력 문제로 시도하기 어려웠던 다국어 버전, 지역별 맞춤 메시지 등도 이제는 손쉽게 생성, 비교, 배포할 수 있게 되었다. 이는 공공 커뮤니케이션의 포용성과 효율성을 동시에 확장하고 있다.

하인즈(Heinz)의 'AI Ketchup' 캠페인은 이러한 변화를 상징적으로 보여 준다. 하인즈는 오픈AI의 텍스트-투-이미지 모델(DALL · E 2)에 '케첩'이라는 단어를 입력하고, AI가 어떤 이미지를 생성하는지를 실험했다. 그 결과 AI가 만들어 낸 수백 장의 케첩 이미지는 모두 놀랍도록 '하인즈스러웠다'—병 모양, 라벨 위치, 색감이 브랜드 고유의 인식을 그대로 반영한 것이다. 이를 활용해 하인즈는 "AI조차 케첩을 그리면 결국 하인즈처럼 만든다"는 메시지를 내세워, 자사 브랜드가 케첩의 전형으로 인식되고 있음을 보여 주었다. 이는 AI가 학습한 이미지 데이터 속에서도 하인즈가 '케첩의 대표 이미지'로 자리 잡고 있을 만큼 브랜드 인지도가 높다는 사실을 상징적으로 드러낸 사례였다. 이 캠페인은 AI의 학습 과정을 창의적으로 응용해, 하인즈가 대중의 인식 속에서 얼마나 강하게 자리 잡은 브랜드인지를 시각적으로 입증한 사례였다(Coggan, 2022).

이 케이스는 공익 광고에서도 중요한 시사점을 준다. AI가 생성하는 이미지나 언어는 결국 사회가 공유하는 인식의 반영이므로, 이를 활용하면 대중이 실제로 어떤 장면과 표현에 공감하는지 보다 정확히 파악할 수 있다. 예를 들어 노인 복지 캠페인에서 AI가 만든 다양한 시각적 버전을 비교 검증하면, 어떤 이미지가 따뜻함 · 신뢰 · 공감의 감정을 더 잘 전달하는지 데이터를 통해 확인할 수 있다. 즉, AI는 사회 인식을 반영하는 동시에, 공익 메시지의 표현 방향을 점검하고 보완하는 실질적 도구로 활용될 수 있다.

AI를 광고에 활용한 대표적인 또 다른 사례로는 네슬레 브랜드가 있다. 네슬레(Nestlé)의 디저트 브랜드 '라 레티에르(La Laitière)'는 고전 회화 〈우유 따르는 여인〉(요하네스 베르메르, 1658)의 화면 밖 공간을 AI로 이어 그리는 실험적 광고 프로젝트를 진행했다. 광고 대행사 오길비 파리(Ogilvy Paris)는 AI의 아웃페인팅(out-painting) 기술을 활용해, 그림의 프레임 밖 공간을 자연스럽게 확장해 그리도록 했다. 약 1000번의 반복 생성과 수작업 보정 끝에 완성된 장면은 원화의 분위기를 해치지 않으면서도, 그림 속 여인의 일상이 어디까지 이어질지 상상하게 만드는 확장된 세계를 제시했다. 이는 25년간 이어 온 브랜드 내러티브 "여유의 미학(L'art de la Détente)"을 오늘의 미디어 문법으로 재해석한 시도로, AI가 시각 서사의 확장 도구로 기능할 수 있음을 보여 준다(WPP Official, 2022).

공익 광고 영역에서도 이 접근은 유효하다. 예를 들어, 환경 보호나 기후 위기 메시지를 다루는 영상에서 미래의 도시를 AI로 확장해 상상하는 연출은, 실제 촬영이 어려운 공간을 구현하면서도 시청자의 몰입을 높일 수 있다. 이는 메시지의 설득력뿐 아니라, 미래를 시각화하는 공공 언어로서 AI의 가능성을 보여 주는 장치가 된다.

또 다른 흥미로운 전환은 코카콜라(Coca-Cola)의 'Create Real Magic'이다. 2023년 코카콜라는 오픈AI(OpenAI), 베인앤드컴퍼니(Bain & Company)와 협력해 브랜드 전용 생성형 AI 창작 플랫폼을 공개했다. 이 플랫폼은 GPT-4와 DALL · E를 결합해 작동하며, 전 세계 창작자가 코카콜라의 로고 · 병 · 산타 등 브랜드 자산을 합법적으로 활용해 이미지를 만들고 공유할 수 있도록 설계됐다. 코카콜라 글로벌 마케팅 총괄은 인터뷰에서 이를 "AI를 통한 공동 창작(co-creation)의 실험이자, 문화의 속도에 맞춘 혁신적 실천"이라 설명했다(Marketing Dive, 2023). 이 캠페인은 AI 활용을 통해 콘텐츠 제작 속도를 몇 주에서 며칠로 단축했을 뿐 아니라, 소비자 맞춤형 메시징과 양방향 커뮤니케이션을 강화했다. 결과적으로 코카콜라는 인간의 창의성과 AI의 효율성이 합쳐진 새로운 브랜드 경험을 창출했고, 이는 향후 공공 커뮤니케이션에서도 참여형 제작 생태계를 설계할 수 있다는 가능성을 보여 준다(Kelly, 2023).

이처럼 AI를 통한 공동 제작은 공익 광고에서도 실질적인 효과를 낼 수 있다. 예컨대 환경 보호나 안전 캠페인에서 시민이 자신의 경험이나 지역 사례를 AI 플랫폼에 입력하면, AI는 이를 바탕으로 지역 특성을 반영한 이미지나 영상을 시각화한다. 이 과정에서 개인의 목소리는 데이터로만 소비되지 않고, 지역 사회의 현실과 분위기를 담아내는 창의적인 재료로 재탄생한다. 기관은 이렇게 생성된 결과물을 검토 · 보완하여 메시지를 다듬고, 다시 대중에게 공유함으로써 참여자와 공공이 함께 완성하는 '생활 기반형 공익 광고'로 발전시킬 수 있다.

이 세 가지 사례가 시사하는 바는 분명하다. AI의 핵심 가치는 '맥락화'에 있다. 공익 광고에 적용하면, 정부나 공공기관이 정책 아이콘 · 색상 · 표준 문구와 같은 시각 자산을 안전하게 개방하고, 시민이나 크리에이터가 지역과 세대의 특성에 맞게 변형하거나 새롭게 해석하도록 할 수 있다. 이러한 구조가 마련되면 공익 광고는 메시지를 공유하는 행위에서 그치지 않고, 사회 구성원들이 함께 의미를 만들어가는 과정으로 확장된다. 시민이 참여해 만든 지역의 언어와 이미지는 정책 커뮤니케이션의 경직된 틀을 풀어내고, 공익적 소통을 생활 속에 스며들게 하는 힘을 가진다.

AI가 재구성하는 메시지 생성 구조와 진정성·사회적 맥락의 균형

AI가 메시지 제작 방식을 바꾸는 구조는 세 가지로 요약된다. 첫째, 아이디어 탐색의 폭이 비약적으로 확대되었다. 과거에는 카피 초안 한두 개, 시안 이미지 한두 장이 한계였지만, 지금은 AI를 통해 카피 수십 개, 이미지 수백 개, 영상 버전 수십 종을 동시에 생성해 비교할 수 있다. 이렇게 생성된 다양한 시도들은 어떤 표현이 가장 공익적 효과를 낼 수 있는지를 빠르게 학습하는 실험의 장이 된다.

둘째, 처음부터 각 매체와 형식에 적합한 버전을 만들 수 있다. 세로형 숏폼, 카드뉴스, TV 컷다운, 옥외 디지털사이니지 등 매체별 문법과 비율이 다르지만, 생성형 AI는 이를 자동으로 최적화한다. 기성 포맷에 억지로 맞추는 비효율이 사라지고, 포맷에 맞춘 스토리 설계가 가능해진다. 일례로 같은 메시지라도 인스타그램 릴스에서는 감각적 리듬이, 유튜브에서는 스토리성이, 디지털 전광판에서는 간결한 상징성이 주요 포인트일 수 있다.

셋째, 데이터 기반의 학습 순환이 제작의 기본 흐름이 되었다. 예전에는 광고가 끝난 뒤 성과를 평가했지만, 이제는 댓글의 정서 변화, 공유 패턴, 클릭률, 체류 시간 같은 디지털 지표를 AI가 실시간으로 분석해 다음 버전의 문구 · 컷 구성 · 음향 톤에 반영한다. 이렇게 만들고 평가하고 다시 다듬는 과정이 계속 이어진다. 그 결과 AI는 광고를 한 번 만들고 끝나는 결과물이 아니라, 계속 학습하고 발전하는 구조로 변화시킨다.

① 출처 · 동기의 투명성

AI 이미지나 음성을 사용할 때는 '왜 AI를 활용했는가'를 명확히 밝히는 것이 신뢰 형성의 출발점이다. '민감한 주제이므로 합성 모델을 활용했다'는 설명은 수용자의 이해를 돕지만, '비용 절감을 위해'라는 프레이밍은 오히려 신뢰를 저하시킬 수 있다. 따라서 공공 캠페인에서는 'AI로 제작됨'을 표기하는 것도 중요하지만, 'AI를 활용한 이유와 제작 과정과 맥락'을 함께 공개하는 편이 투명성 확보 측면에서 효과적일 수 있다.

② 지역 · 집단 맥락의 내재화

AI가 사회적 맥락을 스스로 이해할 수는 없다. 따라서 특정 지역 · 세대 · 문화 집단이 공유하는 언어 · 시각 코드를 데이터로만 추정하지 말고, 커뮤니티 패널이나 현장 자문을 제작 단계부터 참여시켜야 한다. 예컨대 청소년 금연 캠페인을 설계할 때는 AI에 10대 데이터를 학습시키는 것만으로는 충분하지 않다. 실제 학생들이 참여하는 워크숍을 통해 그들이 일상에서 쓰는 표현과 감정 어휘를 수집하고 이를 메시지와 시각 자료에 반영해야 효과가 높아진다.

③ 사후 학습의 윤리와 책임성

AI가 댓글 · 공유 데이터를 학습할 때 개인정보 · 표현권 · 민감 주제 데이터를 보호하기 위한 가이드라인과 감시 체계를 갖춰야 한다. 예를 들어, 이용자가 삭제를 요청했거나 동의하지 않은 데이터는 자동으로 학습에서 제외해야 한다. 또한 사회적으로 민감한 주제에 대한 학습은 제한하며, 언제 어떻게 데이터가 사용되었는지 확인할 수 있도록 기록을 남기는 절차가 필요하다. 나아가 이러한 학습 윤리는 공공 캠페인의 신뢰를 유지하는 근간이 된다. 좋은 의도만으로는 충분치 않으며, 기술의 작동 과정을 사회적으로 설명하고 검증할 수 있어야 한다.

이 세 가지 균형을 갖춘다면, AI 크리에이티브는 '가짜를 양산한다'는 일부의 우려 섞인 시선에서 벗어나, 사회적 학습과 집단적 창의성을 확장하는 공공 인프라로 거듭날 수 있을 것이다. AI는 이제 공익 광고의 메시지를 만드는 존재에서 사회와 함께 배우고 수정하는 파트너로 발전하고 있다.

참고문헌

Coggan, G.(2022.8.2). Heinz asked AI to 'draw ketchup' (and it went remarkably well). Creative Bloq. https://www.creativebloq.com/news/heinz-ai-draw-ketchup

Kelly, C.(2023.3.21). Coke asks consumers to generate art with new AI platform. Marketing Dive. https://www.marketingdive.com/news/coca-cola-coke-generative-ai-marketing-art/645465/

WPP.(2022,12.5). Ogilvy: Nestlé's The Milkmaid. WPP. https://www.wpp.com/en-us/featured/work/2022/12/ogilvy-nestles-the-milkmaid

04
행동 경제학과 메시지 최적화

공익 광고는 언제나 '사람의 마음'을 움직이려 했다. 그러나 감정의 자극이 곧 행동으로 이어지진 않는다. 감동적인 문장과 강렬한 영상이 넘쳐나는 시대일수록 사람들은 쉽게 피로해지고 빠르게 잊는다. 행동 경제학은 인간의 이런 비합리적인 패턴을 탐구해 왔으며, AI는 데이터를 분석해 언제, 어떻게 행동이 촉발되는지 찾아내는 도구로 쓰이고 있다. 이 장에서는 AI가 행동 경제학의 통찰을 기반으로 공익 메시지를 어떻게 설계 · 검증하는지, 행동 변화를 유도하는지 살펴본다.

청각장애인과 AI?

행동 경제학, 감정, 그리고 AI가 만드는 참여 설계의 구조

공익 광고의 목표는 결국 사람들의 '행동'을 바꾸는 것이다. 하지만 '좋은 메시지를 보여 주면 사람들이 스스로 바뀐다'는 믿음은 현실에서 잘 작동하지 않는다. 금연, 재활용, 기부와 같은 주제에서 수년간 캠페인이 이어져도 행동 변화는 더디다. 이유는 단순하다. 사람의 행동은 정보의 양이 아니라 감정, 사회적 맥락, 타이밍에 의해 결정되는 경향이 있기 때문이다. 행동 경제학은 이러한 인간의 '비합리성'을 이해하려는 학문이다.

경제학이 합리적인 선택을 전제했다면, 행동 경제학은 감정과 상황에 흔들리는 인간의 결정을 연구한다(Thaler & Sunstein, 2008). 대표적인 예가 현재 편향(present bias)이다. 일반적으로 사람은 미래의 이익보다 지금의 만족을 더 크게 느낀다. 예컨대 건강을 위해 운동을 해야 한다는 것을 알지만, 피곤하다는 이유로 오늘은 미루는 것이다. 이러한 경향성은 행동 개입을 어렵게 만든다(Wang & Sloan, 2018; Hunter et al., 2018). 따라서 이러한 원리를 기반으로 할 때, 어떠한 실천을 독려하는 메시지는 '미래의 이익'을 강조하기보다 '지금 바로 얻을 수 있는 작은 변화'를 제시해야 효과적일 수 있다.

또 다른 대표적 원리가 손실 회피(loss aversion)다. 사람은 같은 금액의 이익보다 손실을 두세 배 더 강하게 느낀다(Tversky & Kahneman, 1981). 예컨대 "기부하면 도움을 줄 수 있습니다"보다 "기부하지 않으면 누군가의 저녁이 사라집니다"라는 문구가 더 즉각적인 행동을 유도한다. 이처럼 '잃는 것의 감각'을 자극하는 메시지는 행동을 촉발하는 데 강력하다.

사회적 규범(social norms) 또한 행동 설계의 핵심 요소다. 인간은 타인의 행동을 기준으로 자신의 선택을 정당화하는 경향이 있다. 즉, '다른 사람들도 그렇게 하니까 나도 한다'는 심리가 작동한다. 이런 규범 효과는 참여를 자연스럽게 확산시키지만, 잘못 사용하면 반대로 무력감이나 냉소를 유발할 수 있다(Wenzel & Woodyatt, 2025). 예컨대 "대부분의 시민이 분리 배출을 하지 않는다"는 문구는 오히려 규칙 위반을 정상적인 행위처럼 느끼게 만든다. 반대로 "10명 중 8명은 오늘 분리 배출을 실천했습니다"처럼 긍정적 규범(positive norm)을 강조하면 행동이 강화된다. AI는 지역별 데이터나 온라인 담론을 분석해, 사람들이 실제로 공유하는 긍정 규범을 찾아내고 이를 중심으로 메시지를 조정할 수 있다.

AI는 이러한 행동 경제학적 원리를 바탕으로, '감정이 반응하는 순간'을 찾아내는 분석 도구로 발전하고 있다. 예를 들어 교통안전 캠페인에서 "규칙을 지키면 사고가 줄어듭니다"보다 "당신의 주의 한 번이 오늘 누군가의 생명을 지킵니다"라는 문구가 더 강한 공감을 얻을 수 있다는 것을 AI는 데이터로 확인한다. 클릭률, 체류 시간, 재 시청률 등 수많은 지표를 통해 어떤 표현이 감정의 문턱을 넘는지를 학습하는 것이다.

또한 AI는 넛지(nudge) 전략을 자동화할 수 있다. 넛지는 사람의 선택을 강제하지 않고, 환경을 설계해 자연스러운 결정을 유도하는 방식이다(Sunstein, 2016). 예컨대 AI는 교통량과 날씨 데이터를 학습해 운전자가 가장 피로한 시점에 "잠시 쉬어가세요"라는 메시지를 띄울 수 있다. 이는 감시가 아니라 맥락 이해에 기반한 설계다.

심리학은 행동 변화의 핵심을 감정(emotion)과 주의(attention)로 본다. 인간은 본능적으로 논리보다 감정으로 먼저 반응한다. 공포 소구(fear appeal)는 단기적으로 행동을 유도하지만, 과하면 회피나 부정 반응을 초래한다(Witte & Allen, 2000). AI는 시선 추적, 표정 인식, 댓글 감정 분석을 통해 공감이 최고조에 이르는 시점과 이탈이 일어나는 순간을 실시간으로 찾아낸다. 예를 들어 교통안전 영상에서 충돌 장면 직후 시청이 급감하면, 다음 버전에서는 공포 장면을 줄이고 회복 · 공감의 이미지를 강화하는 식이다.

사람의 주의는 매우 제한된 자원이다. 복잡하거나 지나치게 긴 메시지는 인식조차 잘 되지 않는다. AI는 시청 패턴과 반응 데이터를 축적해 어느 구간에서 시선이 머무는지, 어떤 구성에서 이탈이 생기는지를 분석한다. 이를 바탕으로 메시지의 길이, 강조 시점, 문장 밀도 등이 자동으로 조정되며, 사람의 집중과 공감이 자연스럽게 이어지는 콘텐츠 구조를 스스로 학습해 간다.

그리고 AI의 학습은 한 번으로 끝나지 않는다. A/B 테스트, 댓글 감정, 시청 이탈률 등 데이터를 반복 분석하면서 제작-평가-보완의 흐름을 만들어간다. 광고는 더 이상 한 번 완성되는 결과물이 아니라, 현실의 피드백을 받아 계속 성장하는 시스템이 된다. 예를 들어 음식물 쓰레기 줄이기 캠페인에서 AI는 특정 요일이나 식사 시간대에 반응률이 높다는 패턴을 발견한다면, 다음 캠페인에서는 그 시간대에 맞춰 메시지를 자동으로 배치할 수 있다. 이렇게 실제 반응을 분석하고 그 결과를 다시 반영하며, 메시지는 점점 현실과 사람들의 행동 양식에 가까워진다. AI는 '무엇이 사람을 움직이게 하는가'를 끊임없이 탐색하며, 공익 광고를 사회적 실험이 아닌 사회적 학습의 장으로 확장시킨다.

데이터 기반 행동 개입의 실제: 공공 캠페인의 새로운 운영 모델

행동 경제학은 이미 여러 공공 정책 현장에서 실험과 검증을 통해 실질적 효과를 입증해 왔다. 영국 정부의 'Behavioral Insights Team(BIT)'은 2012년 연구진들과 함께 함께 세금 납부율을 높이기 위한 대규모 현장 실험을 진행했다(Hallsworth et al., 2017). 연구진은 세금을 제때 납부하지 않은 약 20만 명의 납세자에게 서로 다른 문구의 독촉서를 발송하고, 어떤 메시지가 납부 행동을 가장 효과적으로 촉발하는지 비교했다. 그중 가장 큰 효과를 낸 문장은 다음과 같다.

> "영국에서는 10명 중 9명이 세금을 제때 냅니다. 당신은 현재 아직 납부하지 않은 극히 소수에 속해 있습니다."

이 단순한 사회 규범(descriptive norm) 문구는 '대다수가 이미 납세를 완료했다'는 정보를 강조함으로써, 수신자에게 '나도 해야 한다'는 심리적 압력을 자연스럽게 형성했다. 그 결과 490만 파운드(약 65억 원)의 세금이 조기에 납부된 것으로 보고되었다. 이 실험은 추가 비용 없이 단지 편지의 문구만 바꾼 개입이었음에도, 상당한 재정 효과를 창출했다는 점에서 정책 커뮤니케이션과 행동 설계의 성공 사례로 꼽힌다.

이처럼 행동 경제학적 접근은 공익 광고와 정책 캠페인에서도 강력한 시사점을 제공한다. 흔한 캠페인 문구라도 '다른 사람들은 이미 실천하고 있다', '지금 행동하면 즉각적인 변화를 만든다'와 같은 사회 규범 기반의 메시지를 활용하면, 참여율이 높아지고 지속 행동으로 이어질 가능성이 커진다. 이처럼 행동 경제학의 실험적 사고방식이 AI와 결합되면 한 단계 더 발전할 수 있다. AI는 인간의 판단과 행동 변화를 다루는 실험 과정을 대규모 데이터 환경에서 반복 검증할 수 있도록 만들어, 실험과 실행의 결계를 점점 좁혀 준다.

결국 이러한 접근은 '하나의 대국민 메시지'를 대량으로 송출하는 방식에서 벗어나, '소규모 실험과 데이터 학습'을 반복하며 점진적으로 최적화하는 운영 모델로 전환하게 만들 수 있다. 예컨대 각 지역이나 세대별로 공익 주제에 대한 감정 반응과 공감 패턴을 학습한 뒤, 문구와 이미지 톤을 세분화해 조정함으로써 맞춤형 캠페인을 설계할 수 있다. 노년층에게는 신뢰와 안정의 언어를,

청년층에게는 자율과 도전의 감정을 자극하는 메시지를 제시하는 식이다. 이러한 데이터 기반 접근은 공익 광고를 '정책 홍보'가 아니라, 사회적 행동을 촉진하는 실질적 플랫폼으로 발전시키는 기반이 된다.

설득과 조작의 경계, 그리고 공감의 알고리즘

AI가 인간의 선택을 정밀하게 분석하고 유도할 수 있게 되면서, '설득과 조작의 경계'에 대한 논의가 커지고 있다. 행동 경제학의 넛지 개념은 본래 부드러운 개입을 뜻하지만, AI가 이를 자동화하면 사람의 인지적 취약점을 이용하는 '디지털 조작'으로 변질될 수 있다(Susser et al., 2019). 공익 광고에서는 이를 방지하기 위해 투명성과 책임성이 핵심 원칙이 되어야 한다.

AI가 제작한 이미지는 'AI 보조 제작물'임을 명시해야 하며, 학습 데이터는 익명화된 형태로만 사용되어야 한다. 특정 세대 · 지역 · 성별 집단에 대한 편향이 강화되지 않도록 외부 검증 체계도 필요하다. 또한 AI가 시민 데이터로 학습할 때는 삭제 요청된 정보나 민감한 발언을 자동 차단해야 하며, 데이터가 언제 어떤 용도로 쓰였는지를 기록하는 감사 로그(audit log)를 유지해야 한다.

한편, 윤리적 기준은 기술의 발목을 잡는 규제가 아니

라 신뢰를 유지하는 설계 원칙으로 이해되어야 한다. 예를 들어 캠페인 내 AI 메시지 생성 시스템이 "이 문구는 시민 참여형 데이터로 제작되었습니다"라는 안내를 함께 제공한다면, 수용자는 더 높은 신뢰를 보일 수 있다. 이는 단순한 고지의 문제가 아니라, "이 메시지는 누구의 언어로 만들어졌는가"를 투명하게 밝히는 공공 커뮤니케이션의 기본예절이 된다.

윤리적 경계를 세운다는 것은 법적 문제를 피하는 데 그치지 않는다. 그것은 사람의 마음을 다루는 기술로서 신뢰를 확보하는 일이다. AI는 효율적으로 사람을 설득할 수 있지만, '왜 설득해야 하는가'에 대한 이유를 설명하지 못하면 결국 신뢰를 잃는다.

따라서 공익 광고에서 AI의 가능성은 사람들의 선택을 강요하기보다, 스스로 옳은 행동을 찾아갈 수 있는 환경을 만드는 데서 드러난다. AI는 인간의 경험과 감정을 학습하며 함께 성장하는 '공감의 알고리즘(empathy algorithm)'으로 진화할 때 그 의미가 깊어진다. 그런 과정이 쌓일수록 공익 광고는 메시지를 전달하는 수단을 넘어서 사회 구성원이 함께 배우고 실천하는 공유의 장으로 나아갈 수 있다.

참고문헌

Hallsworth, M. et al.(2017). The behavioralist as tax collector: Using natural field experiments to enhance tax compliance. *Journal of public economics, 148*, pp.14~31.

Hunter, R. F. et al.(2018). Association between time preference, present-bias and physical activity: implications for designing behavior change interventions. *BMC Public Health, 18*, 1388.

Pieters, R. & Wedel, M.(2004). Attention capture and transfer in advertising: Brand, pictorial, and text-size effects. *Journal of Marketing, 68*(2), pp.36~50.

Sunstein, C. R.(2016). *The ethics of influence: Government in the age of behavioral science*. Cambridge University Press.

Susser, D. et al.(2019). Technology, autonomy, and manipulation. *Internet Policy Review, 8*(2).

Thaler, R. H. & Sunstein, C. R.(2008). *Nudge: Improving decisions about health, wealth, and happiness*. Yale University Press.

Tversky, A. & Kahneman, D.(1981). The framing of decisions and the psychology of choice. *Science, 211*(4481), pp.453~458.

Wang, Y. & Sloan, F. A.(2018). Present bias and health. *Journal of Risk and Uncertainty, 57*(2), pp.177~198.

Wenzel, M. & Woodyatt, L.(2025). The power and pitfalls of social norms. *Annual Review of Psychology, 76*.

Witte, K. & Allen, M.(2000). A meta-analysis of fear appeals: Implications for effective public health campaigns. *Health Education & Behavior, 27*(5), pp.591~615.

05
개인화된 메시지와 사회적 윤리

과거에는 가능한 한 많은 사람에게 같은 메시지를 퍼뜨리는 것이 목표였다면, 이제는 누구에게, 언제, 어떤 맥락에서, 어떤 방식으로 보여 줄 것인가가 핵심이 되었다. 이 변화는 공익 광고에도 큰 질문을 던진다. “개인에게 맞춘 공익 메시지는 참여를 높일까, 아니면 불편함을 줄까?”

이 장에서는 상업 마케팅에서 검증된 AI 개인화 전략을 토대로, 공익 광고가 사람의 참여와 사회적 신뢰를 함께 높이기 위해 무엇을 고민해야 하는지 살펴본다.

AI 콘텐츠 크리에이터?

디지털 마케팅의 개인화 효과와 공익 광고로의 전환

디지털 마케팅 분야에서는 개인화의 효과가 이미 뚜렷하게 입증되고 있다. 맥킨지(McKinsey & Company, 2021)의 분석에 따르면, 개인화 마케팅을 잘하는 기업은 평균보다 40% 높은 매출을 올리고, 소비자의 71%는 자신의 취향과 상황을 반영한 맞춤형 경험을 기대한다고 답했다. 개인화는 단순한 광고 기법이 아니라, 사람의 관심을 실제 행동으로 이어지게끔 하는 효과적인 방식인 셈이다.

학문적으로도 개인화의 작동 원리는 세밀하게 분석되어 왔다. 블라이어와 아이젠바이스(Bleier & Eisenbeiss, 2015)는 광고 개인화가 어떻게 소비자 심리에 영향을 미치는지를 실험으로 검증했다. 연구진은 개인화의 정도를 '깊이(depth)'와 '폭(breadth)'이라는 두 축으로 나누었다. '깊이'는 광고가 소비자의 관심을 얼마나 정밀하게 반영하는지를, '폭'은 그 관심사의 범위를 얼마나 넓게 포괄하는지를 의미한다.

결과는 흥미로웠다. 신뢰받는 브랜드일수록 깊이가 깊고 폭이 좁은, 즉 개인 맞춤도가 높은 광고가 긍정적으로 작용했다. 소비자들은 이를 유용하다고 느끼며 프라이버시 침해로 받아들이지 않았다. 반면, 신뢰도가 낮은 브랜드는 개인화가 심화될수록 오히려 불쾌감과 불안감이 커졌다. 연구 결과는 개인화 마케팅의 성패는 얼마나 신뢰를 기반으로 작동하느냐에 달려 있다는 것을 보여줬다.

최근에는 이러한 개인화가 단순히 텍스트 · 이미지 수준을 넘어, '추천 알고리즘-콘텐츠-행동 유도'의 연쇄 구조로 진화하고 있다. 예를 들어 넷플릭스나 아마존은 이용자의 시청 · 검색 · 머무는 시간 데이터를 학습해, 다음 행동을 예측하는 '예측형 개인화(predictive personalization)'를 구현한다. AI는 더 이상 과거의 선택을 반영하는 수준이 아니라, 다음 선택을 유도하는 설계자가 된 셈이다. 이런 기술 구조는 공익 캠페인에도 응용될 수 있다. 예컨대 환경 캠페인에서는 사용자의 위치 · 날씨 · 시간대 정보를 기반으로 "지금 창문을 닫으면 미세먼지 노출을 줄일 수 있습니다" 같은 실시간 메시지를 띄울 수 있다.

람브레히트와 터커(Lambrecht & Tucker, 2013)의 연구는 또 다른 통찰을 준다. 이들은 온라인 여행사의 현장 데이터를 분석해, 사용자가 한 번 본 상품의 이미지를 다른 웹사이트에 반복적으로 노출하는 '동적 리타기팅(dynamic retargeting)' 광고의 효과를 살펴봤다. 분석 결과, 이러한 맞춤형 광고는 평균적으로는 일반 광고보다 성과가 낮았지만, 소비자가 구매 결정을 구체적으로 검토하기 시작한 이후 단계에서는 오히려 효과가 크게 높아졌다.

이 연구는 사람들의 판단과 행동이 시간과 맥락에 따라 달라진다는 점을 보여 준다. 초기 단계에서는 지나치게 구체적인 메시지가 부담이 될 수 있지만, 관심이 뚜렷해진 시점에서는 구체적인 행동을 이끌어낼 수 있다. 이런 원리를 공익 광고에 적용하면, 처음에는 '관심을 넓히는' 공감형 메시지로 접근하고, 참여 의지가 생긴 이후에는 '행동을 유도하는' 실천형 메시지로 전환하는 단계별 개인화 전략을 설계할 수 있다. 예를 들어 금연 캠페인의 경우 처음에는 '건강과 가족을 위한 선택' 같은 감정적 공감 메시지로 접근하고, 금연 앱 설치나 상담 예약 단계에서는 '오늘 등록하면 1주차 금연 지원 프로그램이 시작됩니다' 같은 행동 유도형 메시지로 전환할 수 있다. AI는 참여자의 반응 데이터를 바탕으로 이 전환 시점을 자동으로 조정할 수 있다.

또한 헌혈, 기부, 자원봉사 같은 참여형 캠페인에서는 AI가 사람들의 반응 패턴을 학습해, 어떤 시간대에 어떤 형식(영상 · 카드뉴스 · 짧은 문구)의 메시지가 참여를 이끌어내는지 파악할 수 있다. 이 과정에서 개인의 신상을 직접 수집할 필요는 없다. 앱 접속 시간, 클릭 빈도, 참여 완료 여부 같은 비식별 데이터만으로도 충분히 학습할 수 있기 때문이다.

더 나아가 AI는 개인의 참여 여정을 추적 · 예측하는 도구로도 쓰일 수 있다. 예를 들어, 처음에는 단순 공감형 콘텐츠를 본 이용자가 일정 기간 내 기부 페이지를 방문하지 않으면, AI가 자동으로 맞춤형 리마인더 메시지를 보내는 식이다. 이때 중요한 것은 이용자가 언제든 '그만 받기'를 선택할 수 있는 투명한 구조다. 강요가 아닌 제안의 형태로 설계될 때, 공익 메시지는 부담이 아니라 도움으로 받아들여질 것이다.

핵심은 기술의 정교함보다 사람이 얼마나 이해하고 선택할 수 있느냐에 있다. 사람이 "왜 이 메시지를 받는지, 언제든 중단할 수 있는지"를 스스로 알고 결정할 수 있을 때, AI 기반 개인화는 설득을 넘어 신뢰를 쌓는 언어로 작동한다.

윤리적 과제-투명성, 공정성, 그리고 신뢰의 회복

AI 개인화 타기팅의 힘은 강력하지만, 동시에 윤리적 긴장감을 야기한다. 소비자 행동 연구를 수행한 김 등(Kim et al., 2019)은 사람들이 광고를 접할 때, 광고가 '내 정보를 어디서, 어떤 방식으로 가져왔는가'를 함께 평가한다는 사실을 밝혀냈다. 연구 결과에 따르면, 사람들은 자신이 직접 입력한 정보나 같은 플랫폼 안에서 수집된 데이터에는 비교적 관대하지만, 기업이 내 행동을 추론하거나 외부 사이트에서 얻은 정보를 썼다고 느끼면 불쾌감이 커지는 경향이 나타났다.

흥미로운 점은, 같은 방식이라도 그 플랫폼을 얼마나 신뢰하느냐에 따라 반응이 달라진다는 것이다. 신뢰받는 플랫폼이 "최근 관심사에 맞춰 이 광고를 추천합니다"라고 설명하면 자연스럽게 받아들이지만, 신뢰하지 않는 플랫폼에서는 같은 문장이 오히려 불편하게 다가온다. 결국 기술의 문제가 아니라 관계의 신뢰 문제다.

이런 차이는 공익 광고에도 그대로 적용될 수 있다. AI가 데이터를 활용한다면, 사람들에게 그 사실을 숨기지 말고 분명히 알려야 한다. "어떤 데이터를 사용했는지, 왜 필요한지, 이용자가 이를 통제할 수 있는지"를 명확히 밝히는 것, 그것이 신뢰의 출발점이다. 아무리 선한 목적이라 해도 누군가 "내 정보가 이용됐다"고 느끼는 순간, 공익의 명분은 힘을 잃는다.

또한 공공 기관은 'AI가 자동으로 선택한 문구'라는 사실을 명시적으로 공개하는 방식을 도입할 필요가 있다. 예를 들어 '이 문구는 AI가 이용자 반응 데이터를 바탕으로 추천했습니다' 같은 표시가 있다면, 사람들은 기술 개입을 인지하면서도 불쾌감을 덜 느낄 수 있다. 이는 투명성의 최소 단위이자 신뢰 확보의 첫 단계다.

또 다른 윤리적 과제는 공정한 노출의 문제다. AI는 효율을 중시하다 보니, 특정 집단에만 광고를 집중하거나 반대로 소외시키는 경우가 생긴다. 예를 들어, 재난·안전 캠페인이 온라인 활동이 활발한 젊은 층에게만 반복 노출되고, 디지털 접근성이 낮은 노년층이나 장애인에게는 거의 전달되지 않는다면, 정작 위험에 더 취약한 사람들에게 필요한 정보가 닿지 않게 된다. 그 결과 공익의 균형이 무너지고 "안전 정보조차 불평등하게 분배되는" 역효과가 나타난다.

이를 방지하려면, AI 광고 배포 시스템에 '균형 점검 알고리즘(balance audit)'을 의무적으로 도입해야 한다. 예를 들어 24시간 주기마다 연령·지역·기기별 노출 비율을 분석하고, 특정 집단의 노출이 일정 수준 이하로 떨어질 경우 자동으로 보완 노출을 실행하는 식이다. 또한 기관은 이 데이터를 주기적으로 공개해 시민이 직접 확인할 수 있도록 해야 한다. 이런 체계가 제대로 작동하면 공익 광고는 특정 집단에 치우치지 않고 사회의 다양한 목소리를 함께 담게 된다.

공익 광고의 본질은 모두가 참여할 수 있는 사회적 접점을 만드는 일이다. 따라서 광고 기관은 AI의 타기팅 결과를 정기적으로 점검하고, 특정 연령 · 지역 · 계층이 과도하게 배제되거나 몰리지 않는지 인간이 직접 검수해야 한다. 특히 사회적 약자, 소수 언어 사용자, 정보 접근 취약 계층 등을 대상으로 하는 캠페인일수록, 캠페인 책임자인 사람이 마지막 단계에서 메시지의 맥락 적합성과 감정적 수용성을 판단하고 평가해야 한다. AI의 윤리적 판단은 결국 사람의 책임 속에서 완성될 수 있기 때문이다.

참고문헌

Bleier, A. & Eisenbeiss, M.(2015). The importance of trust for personalized online advertising. *Journal of Retailing, 91*(3), pp.390~409.

Kim, T. et al.(2019). Why am I seeing this ad? The effect of ad transparency on ad effectiveness. *Journal of Consumer Research, 45*(5), pp.906~932.

Lambrecht, A. & Tucker, C.(2013). When does retargeting work? Information specificity in online advertising. *Journal of Marketing Research, 50*(5), pp.561~576.

McKinsey & Company(2021). The value of getting personalization right—or wrong—is multiplying. https://www.mckinsey.com/capabilities/growth-marketing-and-sales/our-insights/the-value-of-getting-personalization-right-or-wrong-is-multiplying

06
공익 광고 제작과 AI 생성물의 딜레마

이제 공익 광고는 현장 촬영 없이도 AI를 활용해 '시위하는 시민', '가난한 소년' 이미지를 만들어 낼 수 있다. 하지만 이러한 편의는 새로운 의문을 불러일으킨다. AI로 만든 공감이 사람의 진심을 대신할 수 있을까?
이번 장에서는 AI가 만든 공익 광고의 진정성을 어떻게 판단할지, 그리고 기술 속에서 인간의 윤리를 어떻게 지킬지를 살펴본다.

AI와 민주주의?

AI 이미지의 진정성과 표현의 한계

2025년 가디언(The Guardian)은 "AI 시대의 빈곤 포르노(poverty porn)"가 새로운 형태로 확산되고 있다고 보도했다(Down, 2025). 극심한 빈곤과 아동, 성폭력 생존자 등을 묘사한 이미지가 NGO의 홍보물과 소셜 미디어를 통해 빠르게 퍼지고 있었는데, 그중 상당수가 실제 인물이 아닌 AI 합성 이미지였다. 공정한 사진 · 영상 제작을 추구하는 스위스 기반 단체 페어픽처(Fairpicture) 직원 노아 아널드는 가디언 인터뷰에서 "많은 구호 NGO들이 실제 촬영 대신 AI 이미지를 활용하거나 실험 중"이라고 밝혔다.

벨기에 앤트워프에 있는 열대의학연구소(Institute of Tropical Medicine Antwerp) 연구원 아르세니 알레니체프(Arsenii Alenichev)는 AI가 '윤리적 커뮤니케이션'의 이름으로 낡은 편견을 되살리고 있다고 경고했다(Alenichev, 2025). 과거에는 극단적 고통을 노출하는 사진—소위 '빈곤 포르노'—가 비판받으며 점차 사라졌지만, 이제는 AI 생성 이미지를 통해 다시 등장하고 있다는 것이다. 실제 피해자를 찍지 않기 때문에 "윤리적"이라는 인식이 오히려 면죄부가 되고 있다고 지적하며, 많은 국제기구와 NGO들이 인종적 · 문화적 고정관념을 반복하는 시각물을 재생산하고 있다고 비판했다.

비슷한 비판적 관점에서 수행한 또 다른 연구(Alenichev et al., 2023)는 생성형 AI가 이미 학습 데이터에 내재한 인종적 편견을 어떻게 재생산하는지를 보여 준다. 연구진은 AI 이미지 생성 프로그램(Midjourney v5.1)을 이용해 '아프리카 의사가 백인 아이를 돌보는 장면'을 요청했지만, 300장 이상의 결과물에서 환자는 항상 흑인으로, 의사는 백인으로 묘사되었다. '도움을 주는 사람'과 '도움을 받는 사람'의 구도가 뒤바뀌는 이미지를 생성하지 못한 것이다. 이러한 결과를 바탕으로 연구진은 "AI가 데이터에 내재된 불평등을 고스란히 시각화한다"고 지적했다.

이와 같은 사례들은 '이미지가 진짜냐 가짜냐'를 넘어선 문제다. AI가 논란이 되는 이유는 데이터 속 사회적 편향을 그대로 시각화하며 동시에 그 인식을 강화하는 역할을 하기 때문이다. AI는 학습 데이터 속에 스며 있는 시선—누가 돕는 사람이고, 누가 도움을 받는 사람인가—을 그대로 모방하며, 그 편견을 눈에 보이지 않게 재현한다. 그래서 기술은 종종 거울이자 증폭기로 작동한다. 공익 광고가 AI 생성 이미지를 사용할 때, 그 결과물은 우리가 사회 문제를 어떤 시선으로 바라보고 있는지를 보여 준다.

AI는 현장 촬영의 절차적 부담을 줄이고, 인물의 초상권이나 동의 문제를 피할 수 있는 새로운 대안을 제시한다. 하지만 그 편리함 속에는 현실의 맥락과 인간의 존엄이 함께 지워질 수 있는 위험이 숨어 있다. 몇 줄의 프롬프트를 입력하면 AI가 생성하는 '가난 이미지'는 점점 더 사실적으로 보인다. 빛의 결이나 얼굴 표정, 옷감의 주름까지 AI는 놀라울 만큼 세밀하게 그려낸다. 그러나 그 정교함이 사람의 이야기를 대신하지는 못한다. 화면 속 인물은 존재하지만 그에게는 이름도, 삶의 맥락도 없다. 공익 광고가 지켜야 할 진정성(perceived authenticity)은 감정을 얼마나 강하게 자극하느냐가 아니라, 그 감정이 누구의 현실에서 비롯된 것인지를 분명히 하는 데 있다.

AI로 만든 장면도 사람이 만든 것과 다르지 않게 감동을 줄 수 있다. 하지만 그 감정은 현실의 공감으로 이어지지 않는다. 시간이 지나면 '이 이야기가 실제일까?' 하는 의심이 남고, 결국 기억에 남는 것은 영상의 완성도나 기술적 정교함뿐이다. 그렇다면 AI를 활용한 공익 광고 제작에서 진정성을 지키는 길은 무엇일까? AI가 학습하거나 생성하는 과정에 사람의 경험과 맥락을 어떻게 개입시키느냐가 중요한 과제 중 하나다. 예를 들어, 공익 캠페인에 사용할 이미지를 만들 때 지역 사회의 당사자나 시민 패널이 사진 자문으로 참여해 어떤 장면이 현실을 왜곡하지 않는지 검토할 수 있다. 또 AI 학습 데이터에 지역 특성, 실제 인터뷰 기록 등을 포함하면 '사람의 시선'을 기술 안으로 옮겨올 수 있다. 이처럼 사람의 판단이 AI의 학습과 생성 과정에 함께 들어가는 구조가 마련될 때, 공익 광고는 휴머니즘적 감수성이 들어간 진정성 있는 결과물로 받아들여질 것이다.

가상의 시민과 현실을 잇는 공익 광고의 책임

공익 광고는 종종 "좋은 목적이라면 약간의 연출은 괜찮지 않을까?"와 같은 유혹에 놓인다. 그리고 AI는 그 유혹을 손쉽게 실현시켜 준다. 2023년 국제인권단체 앰네스티 인터내셔널(Amnesty International)은 콜롬비아 전국 시위에서 경찰 폭력을 고발하는 보고서를 홍보하기 위해 AI로 생성한 합성 이미지를 사용했다(Taylor, 2023). 사진은 시위 참가자가 경찰에 끌려가는 장면이었지만 실제 장면이 아니었다. 인물의 얼굴은 지나치게 매끈하고 표정이 부자연스러웠으며, 콜롬비아 국기의 색 배열도 틀렸고, 경찰 제복도 오래된 디자인이었다.

앰네스티는 "시위 참가자의 신원을 보호하기 위해 AI

이미지를 사용했다"고 해명했다. 그러나 언론과 사진가들은 "진실이 한 번 흐려지는 순간, 피해자의 목소리도 함께 사라진다"며 비판의 목소리를 냈다(Davis, 2023). 논란이 확대되자 단체는 해당 이미지를 삭제하고 "AI 활용 논란이 인권의 본질을 가리지 않기를 바란다"고 덧붙였다. 이 사건은 공익 커뮤니케이션에서 메시지의 목적보다 그 메시지가 만들어지는 과정이 얼마나 투명하고 책임감 있게 관리되는가가 신뢰를 좌우한다는 교훈을 남겼다.

최근 교통안전이나 복지 홍보 분야에서도 AI로 만든 합성 영상과 이미지를 활용하려는 시도가 늘고 있다. 그러나 공익 광고 차원에서 이러한 기술이 본격적으로 사용된 사례는 아직 많지 않다. 대부분은 사고 예방 교육이나 캠페인 시뮬레이션처럼 제한된 환경에서 실험적으로 도입되는 단계에 머물러 있다. 실제 공익 캠페인에서 AI 합성물이 윤리적으로 어떤 문제를 낳을 수 있는지, 또 효과적으로 메시지를 전달할 수 있는지에 대한 논의는 이제 막 시작된 수준이다.

AI로 만든 영상과 이미지는 제작비와 시간을 크게 줄여 주며, 실제 촬영이 어려운 상황에서도 다양한 메시지를 표현할 수 있다. 예를 들면 복지나 환경 분야에서는

'가상의 시민'이나 '상징적 인물'을 등장시킨다고 가정해 보자. 이런 방식은 실제 촬영이 어렵거나 민감한 상황을 대신할 수 있다는 점에서 효율적이다. 하지만 화면 속 인물은 어디까지나 알고리즘이 만들어 낸 존재일 뿐, 그가 겪는 고통이나 희망은 현실의 경험에서 비롯된 것이 아니다. 그래서 메시지는 살아 있는 이야기로 전달되기보다는 완벽하게 만들어진 장면처럼 느껴질 위험이 있다.

공익 광고에서 AI는 배제해야 할 대상이 아니다. 다만 사람의 경험을 보완하는 도구로 쓰여야 한다. 제작 과정이 투명하고, 이미지가 어떤 데이터를 기반으로 만들어졌는지와 어떤 의도를 담고 있는지를 명확히 밝힌다면, AI는 신뢰를 해치지 않는다. 오히려 표현의 폭을 넓히고 새로운 시각적 가능성을 보여 줄 수도 있다.

공익 광고의 목적은 감동을 연출하는 데 있지 않으며, 사람들의 경험과 감정을 존중하는 방식으로 사회 문제를 보여 주는 데 있다. AI는 진심을 대신할 수 없지만 제대로 쓰인다면 진심을 더 넓게 전하는 도구가 될 수 있을 것이다.

참고문헌

Alenichev, A. et al.(2025). The ethics of global health

communication in the artificial intelligence era: avoiding poverty porn 2.0. *The Lancet Global Health, 13*(11). https://www.thelancet.com/journals/langlo/article/PIIS2214-109X%2825%2900313-4/fulltext

Alenichev, A. et al.(2023). Reflections before the storm: the AI reproduction of biased imagery in global health visuals. The Lancet Global Health, 11(10), e1496~e1498.

Australian Photography.(2023.5.3). Amnesty deletes AI images following global backlash. Australian Photography. https://www.australianphotography.com/news/amnesty-deletes-ai-images-following-global-backlash

Davis, B.(2023.5.3). Amnesty removes AI-generated image of woman in Colombian protests after backlash. The Standard. https://www.standard.co.uk/news/world/amnesty-remove-ai-generated-image-woman-colombia-protest-b1078360.html

Down, A.(2025.10.20). AI-generated 'poverty porn' fake images being used by aid agencies. The Guardian. https://www.theguardian.com/global-development/2025/oct/20/ai-generated-poverty-porn-fake-images-being-used-by-aid-agencies

Taylor, L.(2023.5.2). Amnesty International criticised for using AI-generated images. The Guardian. https://www.theguardian.com/world/2023/may/02/amnesty-international-ai-generated-images-criticism

07
취약 계층과 아동 보호의 관점

AI 기술이 공익 광고의 효율성과 창의성을 높였다는 점에는 의심의 여지가 없다. 그러나 그 기술이 다루는 '인간'이 언제나 공평하게 표현되는 것은 아니다. 특히 아동, 노인, 장애인, 소수자 등 사회적 약자는 데이터와 알고리즘의 한계 속에서 쉽게 배제되거나, 때로는 왜곡된 이미지로 재현된다. 이 장은 AI를 활용한 공익 광고가 이들에게 미치는 영향을 검토하고, 그 보호를 위한 윤리적 · 제도적 방향을 모색한다.

AI와 애니메이션?

취약 계층의 권리와 AI 활용 공익 광고의 과제

공익 광고는 사회적 약자를 대변하고, 그들의 목소리를 사회 의제로 끌어올리는 역할을 해 왔다. 그러나 인공지능이 제작 과정에 점차 활용되기 시작하면서, 이 전통적인 역할은 새로운 도전에 직면하고 있다. 아동, 노인, 장애인, 성소수자 등 취약 계층은 사회 구조적으로 정보와 발언권의 불균형 속에 놓인 경향이 있다는 점을 고려할 때, AI 기술이 공익 광고 제작 영역에 도입될 때 그 격차는 더욱 확대될 수 있다.

AI는 대규모 데이터를 학습해 이미지를 생성하고, 메시지를 자동으로 조합하며, 타깃 오디언스를 정밀하게 설정한다. 이러한 기술은 사회 문제를 빠르게 알리고 대중적 확산을 유도하는 데 유용하지만, 동시에 알고리즘 편향(algorithmic bias)과 대표성 결핍(lack of representation)이라는 구조적 문제를 안고 있다. 최근 여러 연구들은 인공지능 기반 이미지 생성 기술이 인종, 성별, 연령 등 다양한 속성을 균등하게 반영하지 못한다는 사실을 지적하고 있다.

성별에 대한 오래된 인식이 여전히 사람들의 사고 속에 남아 있고, 그 편향이 AI가 학습한 데이터에도 반영되어 있었다. 구르스카와 예미엘니악(Górska & Jemielniak,

2023)이 다양한 직업군 이미지를 분석한 결과, 여성 전문직이 남성보다 현저히 적게 묘사되었으며, 여성은 감정노동 또는 보조적 역할로 재현되는 경향이 드러났다. 또 다른 연구에서는, 생성형 AI가 비백인 집단의 특징을 과소 대표하거나 고정관념적으로 시각화하는 경향이 확인되었으며, 그 결과 인종적 불평등이 이미지 속에서 재현되는 양상이 나타났다(Górska & Jemielniak, 2024). 한편 스티핀스카(Stypińska, 2023)는 인공지능 공정성과 포용성 논의에서 연령과 노년층이 거의 다뤄지지 않거나 배제되는 구조적 '비가시성(invisibility)' 문제를 지적하였다. AI 공정성 담론은 주로 성별과 인종에 집중되어 있으며, 노인은 데이터와 이미지 표현 모두에서 대표성이 부족하다는 것이다. 이러한 결과들은 AI가 사회의 불평등 구조를 그대로 학습하고 재현함으로써, 공익 광고의 이미지 표현 역시 특정 집단을 보이지 않게 만들거나 왜곡할 위험이 있음을 시사한다.

이러한 편향은 AI 수집 데이터의 한계와 관련이 있다. AI가 학습하는 이미지와 텍스트 대부분은 인터넷에서 수집된 것으로, 이미 사회의 불평등 구조를 일정 부분 반영하고 있기 때문이다. 따라서 AI는 "현실의 복제"가 아니라 "현실의 왜곡된 축소판"을 그려낼 위험을 항상 안고 있다. 공익 광고가 취약 계층을 대변하는 대신 재현에 머물게 된다면, 메시지는 현실을 바꾸기보다 고정관념을 강화하게 된다.

이를 완화하기 위해서는 공익 광고 기관이 AI 도입 초기부터 데이터의 출처와 맥락을 검토하는 절차를 갖추고, 생성형 모델 사용 시 당사자 단체(장애인 단체, 노인 복지기관, 아동인권센터 등)와 협력하여 이미지의 표현과 해석을 자문받는 것이 바람직하다. 이러한 절차는 법적 규제가 아니라, 사회적 신뢰를 높이기 위한 자율적 기준으로 이해되어야 한다.

또한 실제 촬영이 아닌 AI 합성 이미지가 사용될 경우에는 "이 이미지는 AI가 생성한 합성물입니다"라는 안내를 표기하거나, "실제 피해자 또는 당사자의 이미지를 사용하지 않았습니다"라는 문구를 병기함으로써, 시청자가 표현의 한계를 인식하고 오해하지 않도록 하는 것이 바람직하다. 이는 표현의 투명성을 확보하면서도, 기술의 활용 가능성을 제한하지 않는 현실적 절충안이다.

아동과 장애인을 다루는 공익 광고에서는 이러한 문제의식이 특히 중요하다. 2024년 세이브더칠드런 코리아(Save the Children Korea)의 'Delete the Children' 캠페인은 대한민국 학교와 온라인 청소년 커뮤니티에서

AI 생성 딥페이크 아동 성착취 영상이 확산되고 있음을 경고했다. 실제 피해자의 사진이나 동의 없는 이미지가 AI로 합성되어 성적 콘텐츠로 유통되는 사례가 급증하고 있다는 보고다. 이는 기술이 가져온 편의성 뒤에 존재하는 윤리적 공백을 지적하며, 아동의 이미지가 단순한 '콘텐츠 소재'나 '데이터 자원'으로 전락하는 현실을 보여준다. 공익 광고가 AI를 활용해 아동 문제를 다룬다면, 무엇보다 동의(consent)와 존엄성(dignity)의 원칙이 우선되어야 한다.

국제기구 유니세프(UNICEF)의 "Policy Guidance on AI for Children"(2021)은 이러한 문제에 대응하기 위해 'AI 시스템은 아동의 권리를 보호하고, 표현 · 참여 · 안전의 균형을 유지해야 한다'는 원칙을 제시하고 있다. 이 지침은 단순한 규제라기보다 각국 정부와 기관이 자율적으로 적용할 수 있는 협력적 프레임워크로 설계되어 있다. 한국의 공익 광고 기관도 이와 유사하게, 캠페인 제작 과정에서 아동 · 청소년 대상 콘텐츠를 검토하는 자문 구조를 자율적으로 도입할 수 있다. 이는 '공동 책임의 절차'로, 기술과 인권이 충돌하지 않도록 미리 조율하는 협력 모델로서 잘 활용한다면 긍정적 효과를 얻을 수 있을 것이다.

장애인 역시 AI 생성 이미지 환경에서 심각한 재현의 불균형을 겪고 있다. 테비센(Tevissen, 2024)의 연구는 여러 AI 텍스트-이미지 모델을 분석한 결과, 장애인을 묘사할 때 대부분이 슬픈 표정, 수동적 자세, 휠체어에 앉은 노인으로 표현된다는 사실을 밝혔다. 이러한 시각적 편향은 사회가 장애인을 어떻게 인식하는지를 반복적으로 각인시키는 기제로 작동한다. AI가 다양성과 포용성을 충분히 반영하지 못할 때 공익 광고의 '인간상' 자체가 왜곡되며, 이는 결국 차별의 무의식적 재생산으로 이어진다. 공익 광고 제작 시 장애인의 이미지는 피해자가 아닌 시민으로 표현되어야 하며, 당사자 인터뷰나 참여형 제작 과정을 통해 이미지를 공동 설계하는 접근이 필요하다.

이처럼 AI 기술은 공익 광고의 새로운 동력이 되면서도 사회적 약자를 다시 소외시킬 위험을 안고 있다. 기술을 활용할 때 그 편리함이 누구에게 이익이 되고 누구를 배제하는지 먼저 살펴야 한다. 취약 계층 보호는 기술 활용에 덧붙이는 조건이 아니라, 공익 광고가 추구해야 할 본래의 목적에 가깝다.

취약 계층과 아동 보호를 위한 AI 공익 광고의 윤리 원칙

AI가 공익 광고의 핵심 도구로 자리 잡은 지금, 기술의 발전 그 자체보다 중요한 것은 그 기술을 어떤 가치 아래에서 사용할 것인가다. 공익 광고는 사회적 약자를 보호하고 공공의 이익을 증진하기 위한 수단이기에, AI 활용의 전제 역시 인권 중심의 설계여야 한다. 특히 아동, 노인, 장애인 등 취약 계층이 직접적인 메시지 대상이거나 그들의 이미지가 활용될 경우, 제작 전 과정에 '보호의 원칙'이 선행되어야 한다.

첫째, 사전 영향 평가(pre-impact assessment)가 핵심이다. AI가 생성하거나 전달하는 메시지가 취약 계층에게 어떤 정서적 · 사회적 영향을 미칠지, 그리고 데이터 처리 과정에서 어떤 위험이 발생할지를 기획 단계에서 검토해야 한다. 이는 예방적 점검의 성격으로, 프로젝트 초기에 잠재 리스크를 발견하고 사회적 신뢰를 쌓게 만드는 장치다.

둘째, 대표성 데이터(representative data)의 확보가 필수적이다. 현재 대부분의 생성형 AI는 서구 중심의 데이터로 학습되어 있어, 연령 · 성별 · 장애 · 인종 등 다양성이 충분히 반영되지 않는다. 이러한 데이터 편향은 취약 계층의 이미지를 왜곡하고, 현실의 불평등을 재생산할 위험이 있다. 공익 광고 기관은 다양한 연령 · 성별 · 장애 · 인종 등을 포괄하는 공공 이미지 데이터를 구축하거나, 시민과 전문가가 함께 검토하는 '공동 데이터 리뷰' 모델을 도입할 수 있다.

셋째, 윤리 자문위원회(Ethics Board)의 운영이 필요하다. AI 기술의 사회적 파급 효과는 AI 실무 전문가나 광고 기획자 개인의 판단만으로는 적절히 평가하기 어렵다. 인권, 사회복지, 심리, 데이터 윤리 등 다양한 분야의 전문가가 참여하는 다학제적 검토 구조를 통해, 기술적 결정이 사회적 책임과 괴리되지 않도록 해야 한다. 이 네트워크는 중앙집중형 위원회보다 프로젝트별로 구성 · 해산이 가능한 유연한 형태가 적합하다. 공익 광고의 특성상 빠른 제작과 사회적 대응이 요구되므로, '상시 검열'이 아닌 '참여 형식의 토론과 합의 체제'가 바람직하다.

취약 계층과 아동을 다루는 공익 광고에서 AI는 우리가 어떤 시선으로 사회를 바라보고, 누구의 목소리를 들을 것인가를 묻는 거울에 가깝다. 사전 영향 평가나 대표성 있는 데이터, 윤리 자문 체계는 그 거울을 더 투명하게 만드는 장치들이다. 기술이 진정한 공익의 도구가 되려면 속도나 효율보다 인간의 존엄과 책임 의식을 중심에 두어야 한다.

참고문헌

Górska, A. M. & Jemielniak, D.(2023). The invisible women: Uncovering gender bias in AI-generated images of professionals. *Feminist Media Studies.*

Górska, A. M., & Jemielniak, D.(2024). Ai racial bias: How text-to-image artificial intelligence generators construct prestigious professions. In Algorithms, Artificial Intelligence and Beyond(pp. 211~226). Routledge.

Save the Children International.(2024.9.9). "Delete the Children" campaign launched in South Korea as schools face sexually explicit AI 'deepfakes' crisis. Save the Children International. https://www.savethechildren.net/news/delete-children-campaign-launched-south-korea-schools-face-sexually-explicit-ai-deepfakes

Stypinska, J.(2023). AI ageism: a critical roadmap for studying age discrimination and exclusion in digitalized societies. AI & society, 38(2), 665~677.

Tevissen, A.(2024). Disability Representations: Finding Biases in Automatic Image Generation.

United Nations Children's Fund(UNICEF). (2021.11). Policy guidance on AI for children (Version 2.0). UNICEF Innocenti Global Insight. https://www.unicef.org/innocenti/media/1341/file/UNICEF-Global-Insight-policy-guidance-AI-children-2.0-2021.pdf

08
규제와 거버넌스의 현주소

AI가 이미지와 문장을 만들고, 목소리와 감정까지 흉내 내는 시대다. 공익 광고 역시 이 거대한 변화의 흐름에서 벗어나 있을 수 없다. 이 장에서는 AI 기술의 확산이 공익 광고의 윤리적 책임과 규제 체계에 어떤 변화를 가져왔는지 살펴본다. 한국의 법제도 정비 과정과 주요 국가의 거버넌스 전략을 검토하고, 공익 광고의 신뢰성과 투명성을 확보하기 위한 과제를 논의한다.

AI와 인재 채용?

한국의 제도 정비와 과제

생성형 AI의 확산은 광고 제작의 방식과 역할 분담을 새롭게 재편했다. 기획 단계에서는 데이터 기반 아이디어 생성이 가능해졌고, 제작 과정에서는 이미지와 영상이 자동으로 생성되면서 인간의 판단이 개입하는 지점이 점점 모호해지고 있다. 이 변화는 산업의 효율성을 높였지만, 동시에 표현의 진정성과 책임의 경계를 흔들어 놓았다. AI가 메시지의 생산 주체로 등장하면서 진위 식별, 저작권, 개인정보, 데이터 편향 문제가 부상하자 기술의 확산보다 신뢰를 유지할 제도적 장치가 더 시급한 과제로 떠올랐다.

이러한 배경 속에서 한국 정부는 AI 기술의 윤리성과 투명성을 확보하기 위한 법·정책 정비에 속도를 내고 있다. 2025년 3월 28일 시행된 방송통신위원회의 "생성형 AI 서비스 이용자 보호 가이드라인"은 AI가 제작한 결과물의 출처 표시, 개인정보 보호, 저작권 및 데이터 투명성 확보를 핵심 원칙으로 제시했다(방송통신위원회, 2025). 이 가이드라인은 광고와 콘텐츠 제작 전반에 적용 가능한 기본 투명성 기준으로, AI가 개입한 사실을 명확히 밝히고 이용자가 이를 인식할 수 있도록 하는 것을 목표로 한다.

특히 표시 의무가 본격적으로 제도화된 것은 선거 영역이다. 「공직선거법」 제82조의 8은 딥페이크 영상을 제작·유포할 때 "인공지능 기술 등을 이용하여 만든 가상의 음향·이미지·영상 등"임을 명시하도록 규정하며, 위반 시 최대 3000만 원 이하의 과태료를 부과하도록 하고 있다.

또한 2024년 12월 26일 국회를 통과한 「인공지능 발전과 신뢰 기반 조성 등에 관한 기본법(AI 기본법)」은 생성형 AI 결과물에 대한 표시 의무(제31조 2항·3항)를 법제화했다. AI가 생성한 음성·영상·이미지가 실제와 구분하기 어려울 경우, 그 사실을 이용자가 명확히 인식할 수 있게 표시하도록 규정하며, 이를 위반하면 시정명령·과태료 처분이 가능하다. 이 법은 2026년 1월 22일 시행된다.

문화체육관광부는 2025년 'AI-저작권 법제도 개선 계획'을 발표하며, 「콘텐츠산업진흥법」과 「저작권법」 개정을 추진 중이다. AI로 제작된 콘텐츠의 출처를 표시하도록 의무화하고, 예술적 창작의 자유를 보장하되 소비자가 AI 산출물임을 인식할 수 있도록 하는 방향이다. 이는 단순한 기술 관리가 아니라 창작물의 신뢰와 진정성에 대한 사회적 기준을 세우려는 시도로 평가될 수 있다.

이처럼 한국의 제도는 AI를 제한하거나 금지하기보다는, AI가 무엇을 만들었는지를 밝히는 방향으로 발전하고 있다. 기술의 투명성이 곧 공공 신뢰의 최소 조건으로 인식되기 시작한 것이다. 향후 과제로는 다음과 같은 방향을 고려해 볼 수 있다.

① 생성형 AI 도구의 광고 · 캠페인 활용 가이드라인 제시.
② AI 산출물 표시 기준의 국제적 합의 토대 마련.
③ 제작 단계별 윤리 검토 및 사전 검증 시스템 제도화.

아직까지 국내의 법제와 가이드라인이 공익 광고를 직접 대상으로 하지는 않지만, 이러한 흐름은 공공 커뮤니케이션 전반의 신뢰를 제도적으로 담보하기 위한 토대를 마련하고 있다. AI 기술이 공익 광고의 기획과 확산에 본격적으로 도입될수록, 책임의 언어로 기술을 관리하는 기준이 더욱 중요해질 것이다.

세계의 흐름과 향후 과제

현재 전 세계는 AI 기술의 확산 속도에 맞춘 규제 체계 정비에 집중하고 있다. 유럽연합(EU), 영국, 미국을 중심으로 투명성 · 책임성 · 인간중심성을 핵심 원칙으로 하는

AI 규제가 활발히 논의되고 있으며, 각국은 자국 상황에 맞는 법제화 전략을 세우는 중이다.

유럽연합(EU)의 AI Act(2024)는 세계 최초의 포괄적 AI 규제 법안으로, AI 시스템을 위험 수준에 따라 수용 불가 · 고위험 · 제한적 위험 · 저위험으로 분류하는 위험 기반(risk-based) 규제 체계를 도입했다(EU AI Act Service Desk, Annex III). 특히 선거, 여론 조작 등 공공 영역에 영향을 미치는 AI 시스템을 '고위험' 범주로 분류해 데이터 거버넌스, 기록 관리, 투명성, 인간 감독 의무를 부과하고 있다. 또한 딥페이크 · 챗봇 등 이용자를 기만할 우려가 있는 시스템에는 별도의 표시(Disclosure) 의무를 적용한다.

EU는 동시에 디지털시장법(DMA)과 디지털서비스법(DSA)을 통해 플랫폼 광고의 투명성과 개인정보 보호를 강화하고 있다. 이 법들은 구글, 메타 등 대규모 플랫폼을 '게이트키퍼(gatekeeper)'로 지정하고, 플랫폼 간 개인정보 결합 및 광고 목적 활용을 금지한다. 또한 맞춤형 광고를 위한 동의 요청을 연 1회로 제한하고, 미성년자 대상 맞춤형 광고를 전면 금지함으로써 AI와 광고 산업이 교차하는 지점에서의 이용자 보호와 데이터 윤리의 최소 기준을 세웠다.

영국은 상대적으로 유연한 규제 원칙을 채택하고 있다. 과학혁신기술부(DSIT)는 2023년 "AI 규제에 대한 혁신적 접근(A pro-innovation approach to AI regulation)" 백서를 발표해 단일 AI 규제 기관을 두지 않고, 각 부문별 기관이 자율적 지침을 마련하는 분산형 체계를 제시했다. 이 백서는 '안전성 · 투명성 · 공정성 · 책임성 · 이의 제기 및 시정'의 다섯 원칙을 제시하며, 정부는 이를 지원하기 위해 AI 위험 평가, 국제 표준 정합성, 교육 및 인식 제고를 추진하고 있다. 영국은 2023년 11월 세계 최초의 AI 안전성 정상 회의(AI Safety Summit)를 개최해 AI 국제 규제 논의의 중재자 역할을 맡았다.

미국은 AI와 관련해 행정 명령과 원칙 중심의 규제를 통해 방향성을 잡았으나, 최근에는 기술 경쟁력과 산업 혁신을 우선하는 기조로 이동하고 있다. 2020년 「국가 AI 이니셔티브 법(National AI Initiative Act)」 이후, 백악관은 2022년 "AI 권리장전에 대한 청사진(Blueprint for an AI Bill of Rights)"을 발표해 ① 안전하고 효과적인 시스템, ② 알고리즘 차별 방지, ③ 개인정보 보호, ④ 설명과 사전 고지, ⑤ 인간 대체 가능성 보장 등을 제시한 바 있다.

2025년 이후 미국의 AI 정책은 연방정부 차원에서 산업 혁신과 기술 경쟁력 강화를 보다 전면에 내세우는 방향으로 조정되고 있다. 2025년 1월 발표된 행정 명령(Removing Barriers to American Leadership in AI)은 기존의 AI 감독·윤리 가이드라인을 재검토하고 산업 성장을 저해할 수 있는 규제 장벽을 완화할 필요성을 강조하였다(The White House, 2025a). 이어 발표된 "America's AI Action Plan"은 혁신 가속화, 인프라 구축, 글로벌 리더십 확보를 주요 전략 축으로 제시했다(The White House, 2025b). 이러한 변화는 AI 안전과 윤리의 기본 틀을 유지하면서도, 규제보다는 기술 경쟁력과 시장 주도성을 보다 중시하는 정책적 전환을 보여 준다.

AI 기술의 진화는 공익 광고의 형식보다 그 신뢰의 구조를 먼저 바꾸고 있다. 오늘날 공익 광고는 기술을 활용하는 과정에서 사회적 가치와 책임의 균형을 어떻게 유지할지 끊임없이 점검하는 영역이 되었다. 한국의 AI 기본법과 국제 규제 논의는 모두 투명성·책임·인간중심성을 핵심 원칙으로 삼고 있다. 그러나 이를 실제 광고 제작과 캠페인 운영에 정착시키기 위해서는 표시 표준, 사전 검토, 윤리 감독 기구 같은 실질적 실행 장치가 뒤따라야 한다.

기술의 속도가 신뢰의 속도를 앞서지 않도록, 공익 광

고 역시 효율이 아니라 책임의 언어로 기술을 다루는 체계를 세워야 한다. AI는 이제 창작의 도구이자 거울이다. 그 거울에 비친 사회의 얼굴이 신뢰를 잃지 않도록, 제도와 윤리의 두 축이 함께 작동하는 지속 가능한 거버넌스가 필요하다.

참고문헌

방송통신위원회(2025.2.28). "생성형 AI 서비스 이용자 보호 가이드라인".
https://www.kmcc.go.kr/user.do?mode=view&page=A02030700&dc=30700&dc=&boardId=1099&boardSeq=65689

법제처 국가법령정보센터(2026.1.22). 「인공지능 발전과 신뢰 기반 조성 등에 관한 기본법」.
https://www.law.go.kr/법령/인공지능%20발전과%20신뢰%20기반%20조성%20등에%20관한%20기본법/(20676,20250121)

European Commission.(2024). EU AI Act: Annex III — High-risk AI systems. AI Act Service Desk.
https://ai-act-service-desk.ec.europa.eu/en/ai-act/annex-3

European Commission.(2022). Digital Services Act — Official policy page. European Commission.
https://digital-strategy.ec.europa.eu/en/policies/digital-services-act

European Commission.(2022). Digital Markets Act — Official policy page. European Commission.

https://digital-markets-act.ec.europa.eu/index_en
UK Department for Science, Innovation and Technology.(2023). AI regulation: A pro-innovation approach (White paper). UK Government. https://www.gov.uk/government/publications/ai-regulation-a-pro-innovation-approach
The White House Office of Science and Technology Policy.(2022). Blueprint for an AI Bill of Rights: Making automated systems work for the American people. https://bidenwhitehouse.archives.gov/ostp/ai-bill-of-rights/
The White House(2025a). Executive Order 14179: Removing Barriers to American Leadership in Artificial Intelligence. https://www.whitehouse.gov/presidential-actions/2025/01/removing-barriers-to-american-leadership-in-artificial-intelligence/
The White House(2025b). America's AI Action Plan. https://www.whitehouse.gov/wp-content/uploads/2025/07/Americas-AI-Action-Plan.pdf

09
지금 일어나고 있는 변화들

요즘의 광고 현장에선 인공지능으로 문장과 이미지를 자동 생성하고 시청자의 반응과 감정을 실시간으로 분석하는 일이 흔한 일이 되었다. 이 변화는 효율성을 높이지만 공익 광고의 공공성과 진정성에 대한 새로운 기준을 요구한다. 이 장에서는 국내외 사례를 통해 인공지능이 공익 광고의 제작과 표현 방식을 어떻게 바꾸고 있는지, 그리고 그 속에서 어떤 윤리적 균형이 모색되는지를 살펴본다.

AI와 기자?

국내: 효율화를 넘어 참여의 구조로

최근 국내 공익 · 공공 캠페인에서 인공지능 도입은 대체로 두 방향으로 나타난다. 하나는 제작 과정의 효율화와 표준화, 다른 하나는 참여와 상호작용을 넓히는 구조 설계다. 다음 사례들은 이 두 방향이 실제 캠페인 안에서 어떻게 구현되고 있는지를 보여 준다.

먼저 한국방송광고진흥공사(KOBACO)는 '디지털 범죄 예방' 공익 광고에 생성형 AI를 도입해, 합성 이미지와 실사 영상을 결합한 형식의 영상을 제작했다. "보이지 않는 폭력이 실재한다"는 메시지에 맞추어, 오프라인에서는 포착하기 어려운 온라인 범죄 상황을 시각적으로 구현한 것이다. 이 과정에서 AI는 복잡한 장면을 단시간에 여러 버전으로 만들어 비교할 수 있게 하고, 촬영과 후반 작업에 필요한 자원을 줄이는 역할을 담당했다.

또한, KOBACO는 광고 기획 단계에도 AI를 적극 활용할 수 있는 시스템을 갖추었다. AiSAC(AI Advertising Support and Creation System)을 운영하며 카피 문안 생성, 이미지 후보 생성, 트렌드 분석, 아카이브 검색을 하나의 워크플로 안에 묶었다(KOBACO, n.d.). 이 시스템은 공익 광고 제작을 일정한 절차와 데이터에 기반해 진행하도록 설계한 도구로, 개별 제작자의 감각에 의존하

던 영역을 부분적으로 자동화하고 있다. 제작 효율은 높아졌지만, 합성 이미지가 실제 당사자의 얼굴이나 장소를 대체할 때 그 메시지가 얼마나 진정성을 유지할 수 있는지에 대해서는 비판적으로 검토할 필요가 있다.

다음으로 인공지능은 참여를 전제로 한 캠페인 영역에서도 활용되고 있다. 인천광역시는 'AI로 만드는 인천의 미래' 공모전을 열어, 시민이 직접 생성형 AI 도구를 사용해 도시의 환경, 교통, 복지 문제 등을 주제로 이미지를 제작하도록 했다(Incheon Metropolitan City, 2025). 수상작은 시청 공식 채널을 통해 공개되었고, 시민은 단순히 완성된 공익 광고를 시청하는 위치를 벗어나 의제 설정과 표현 과정에 일부 참여했다. 이 과정에서 인공지능은 시민이 가진 문제의식을 구체적인 시각 이미지로 변환하는 매개 역할을 하였다.

한국관광공사의 'AI vs KOREAN' 캠페인은 또 다른 형태의 참여 구조를 보여 준다. 이 캠페인은 "AI야, 한국 여행지 추천해 줘"라는 질문으로 시작해, AI가 제시하는 전형적인 답변(명동, 광화문, 해운대 등)에 대해 "찐 한국은 우리가 알려줄게"라는 응답을 붙이는 형식으로 구성되었다. 이용자는 댓글을 통해 자신이 생각하는 구체적인 장소와 메뉴를 제안했다. 예를 들어, AI가 '삼겹살'

을 답하면 참여자는 '냉삼 · 생삼 · 벌집삼겹살'처럼 보다 세분화된 경험 지식을 제시하는 방식이다.

이 캠페인에서 AI는 직접 이미지를 만들거나 카피를 쓰는 주체라기보다 비교 대상이자 토론의 출발점에 가깝다. 참여자는 AI가 제공한 정보를 그대로 소비하지 않고, 그 한계를 지적하며 다른 정보를 채워 넣는다. 이는 인공지능을 둘러싼 일상적 사용 경험을 소재로 삼아, 인간의 경험과 맥락 지식이 어떤 차이를 가지는지 보여 주는 사례라 할 수 있다.

한편, 참여를 전제로 한 구조는 윤리적 쟁점도 동반한다. 인천광역시의 공모전처럼 시민이 직접 AI 도구를 사용하는 경우 학습 데이터의 출처가 불분명할 때 저작권 문제가 발생할 수 있고, 특정 집단을 고정된 이미지로 재현할 위험도 있다. 댓글 기반 캠페인 역시 혐오 표현이나 편향된 정보가 확산될 가능성을 관리해야 한다. 참여형 캠페인이 공공성을 유지하려면, 출처 표기, 적절성 검토, 초상권 · 저작권 관련 가이드라인이 함께 마련될 필요가 있다.

세이브더칠드런의 "Delete the Children" 캠페인은 인공지능과 관련된 또 다른 국면을 보여 준다. 이 캠페인은 학교 현장에서 확산된 AI 딥페이크 성착취물 문제를 주제로 삼아, 합성 기술이 아동과 청소년에게 어떤 2차 피해를 남기는지 알리는 데 초점을 맞추었다. 여기서 AI는 광고 제작에 활용되는 기술이 아니라, 공익 광고가 다루어야 할 위험 요소로 등장한다. 기술 자체를 홍보하거나 활용성을 강조하기보다, 그 오용 사례를 드러내고 규범을 요구하는 방향으로 메시지가 구성된다는 점에서 앞선 사례들과 성격이 다르다.

종합하면, 국내 공익 광고의 흐름은 단순히 기술의 효율성을 추구하는 단계를 지나 참여와 감시, 윤리적 숙의가 결합된 형태로 발전하고 있다. 인공지능은 메시지의 생산과 확산을 빠르게 만들었지만, 그 과정에서 공공의 신뢰를 유지하기 위한 사회적 책임의 기준 또한 강화되고 있다. 앞으로 공익 광고는 기술이 만들어 내는 표현의 다양성을 활용하면서도, 그 기술이 작동하는 방식과 결과를 투명하게 공개하고 관리하는 체계를 갖추어야 한다. 이러한 균형이 확보될 때, 인공지능은 공익 광고의 신뢰와 설득력을 함께 확장시키는 도구로 자리할 수 있을 것이다.

해외: 진정성과 재현의 경계 실험

해외의 공익 광고와 사회 캠페인에서는 인공지능의 활

용이 빠르게 도입되고 있다. 그 과정에서 활용의 의미는 진정성(authenticity)과 재현(representation)의 경계를 둘러싼 논쟁으로 이어지고 있다.

2023년 세계보건기구(WHO)는 "When you smoke, I starve"라는 문구를 내세운 금연 캠페인을 공개했다. 이 광고는 아프리카계로 추정되는 아동이 먼지 낀 옷을 입고 들판에 서 있는 장면을 인공지능으로 생성해 제작한 것으로, 흡연이 빈곤층 아동의 건강과 생존에 미치는 간접적인 피해를 상징적으로 표현했다(Alenichev et al., 2025). 그러나 "AI가 만들어 낸 고통의 얼굴이 실제 아동의 경험을 대표할 수 있는가"라는 비판이 뒤따랐다. 이 사례는 기술의 표현력이 윤리적 판단을 대신할 수 없음을 보여 주는 상징적 사건으로 남았다.

비슷한 시기, 국제 NGO Plan International Netherlands는 아동 조혼 문제를 다룬 영상에서 AI 합성 소녀의 얼굴을 등장시켰다. 이는 실존 피해자를 촬영하지 않고도 공감을 유도하려는 시도였지만, 곧 "가상의 인물이 진짜 고통을 재현할 수 있는가"라는 논란이 제기되었다(The Guardian, 2025). 단체는 이후 "AI 이미지를 실제 피해자의 묘사 대체물로 사용하지 않겠다"고 공식 입장을 밝히며, 기술적 안전장치만으로는 윤리적 책임을 충분히 보장할 수 없다는 사실을 인정했다.

유엔이 주도한 #EndRapeInWar 캠페인 역시 유사한 비판을 받았다. 전시 성폭력 피해자들의 증언을 AI 합성 영상으로 재현했으나, "AI가 피해자의 목소리를 빌려 허구를 연출했다"는 지적이 제기되자 영상은 곧 삭제되었다(The Guardian, 2025). 피해자의 신원을 보호한다는 명분이 오히려 '고통의 상업화'라는 역풍을 불러온 것이다.

이 세 사례는 모두 공익을 목적으로 한 캠페인이라 하더라도, 인공지능이 만들어 낸 이미지가 현실의 경험과 감정을 완전히 대체할 수 없으며, 그 사용 과정에서 표현의 진실성과 제작자의 윤리적 책임이 동시에 문제로 떠오를 수 있음을 보여 준다. 기술은 현실의 장면을 정교하게 재현할 수는 있지만, 그것이 인간 경험의 진정성을 대신할 수는 없다. 공익 광고의 핵심은 메시지의 사실 여부만이 아니라, 그 사실이 어떻게 재현되고 누가 그 재현에 책임을 지는가에 달려있다.

이 같은 논란이 이어지자, 국제기구와 주요 국가들은 AI 활용의 투명성과 책임성을 제도적으로 확보하려는 움직임을 강화하고 있다. UNESCO와 UNICEF 등 국제기구는 이미 인공지능의 윤리 원칙과 아동 이미지 재현

기준을 제시한 바 있다.

특히 2024년 미국 연방통신위원회(FCC)는 방송 및 라디오 정치 광고에서 인공지능이 생성한 콘텐츠가 포함된 경우 그 사실을 명시하도록 하는 'AI 표기 의무화' 규칙을 제안했다(Reuters, 2024). 이 조치는 인공지능 활용의 쟁점을 기술 문제에서 투명성의 문제로 전환한 사례였다. 이후 플랫폼 차원에서도 AI 생성 및 변형 콘텐츠의 공개 움직임이 나타났다. 예컨대 메타(Meta)는 2025년 정치 및 사회적 이슈 광고에서 AI 기반으로 만들어진 콘텐츠가 포함된 경우 광고주가 이를 공개하도록 할 계획이라고 발표했다(Reuters, 2025).

이러한 변화는 인공지능의 사용을 제한하기보다, 시청자가 정보의 출처와 생성 과정을 인식할 수 있도록 보장하는 방향에 초점을 맞추고 있다. 즉, 기술의 효율성보다 신뢰의 확보를 우선시하는 접근이다. 공익 광고의 영역에서도 이는 중요한 기준을 제시한다. 공익적 목적이라 하더라도 광고 제작자는 메시지의 기술적 출처와 조작 과정을 투명하게 공개해야 한다는 새로운 윤리 원칙이 형성되고 있는 것이다.

이러한 흐름은 광고와 미디어 분야에 국한된 변화로 보이지만, 사실상 공익 커뮤니케이션 전체가 '투명성'과

'책임성'을 중심으로 재편되고 있음을 보여 준다. AI는 공익 광고의 제작 효율을 높였지만, 그만큼 사회적 신뢰의 기준을 더욱 엄격하게 만든 셈이다.

기술 이후의 신뢰를 향해

국내외의 사례를 종합해 보면 인공지능은 공익 광고의 효율성과 표현 방식을 혁신적으로 바꾸고 있지만, 그 변화의 중심에는 여전히 신뢰와 진정성의 회복이라는 과제가 놓여 있다. 기술이 새로운 서사와 이미지를 만들어 낼 수는 있지만, 공익 광고의 설득은 결국 누가 말하고, 어떤 책임 아래에서 말하는가에 의해 완성된다.

AI의 개입이 불가피한 시대일수록 공익 광고 기술의 작동 원리와 결과를 일정 수준에서 공개하고 설명할 수 있는 체계를 갖추는 것이 바람직하다. 투명하게 공개해야 한다. 메시지의 출처, 생성 과정, 데이터의 편향 여부를 설명할 수 있을 때, 사회는 기술을 기반으로 한 커뮤니케이션을 신뢰할 수 있다.

이 장에서 살펴본 국내외 사례들은 공익 광고가 이미 새로운 국면에 들어섰음을 보여 준다. 효율성의 향상, 참여의 확대, 윤리의 재정립이라는 세 가지 흐름이 함께 작용하면서, 공익 광고는 기술적 가능성을 실험하는 단계를 지나 사회적 신뢰를 축적해 가는 영역으로 나아가고 있다. 다음 장에서는 이러한 변화의 흐름 위에서 AI 시대의 공익 광고가 어떤 가치와 방향을 지향해야 하는지 미래 제언의 관점에서 살펴본다.

참고문헌

브랜드브리핑(2025.5.9). "코바코, AI 활용 공익 광고 첫선… '디지털 범죄 예방'편 송출".
https://www.brandbrief.co.kr/news/articleView.html?idxno=8184

Incheon Metropolitan City(2025.5.19). "2025 AI로 만드는 인천 미래 공모전".
https://www.incheon.go.kr/IC010101/view?nttNo=2044758&curPage=1

KOBACO(n.d.). "AiSAC – AI 광고창작 지원서비스".
https://aisac.kobaco.co.kr

KOBACO(2025). "코바코, AI 활용 공익 광고 처음 선보여".
https://kobaco.co.kr/site/main/board/news/24397

Alenichev, A. et al.(2025). The ethics of global health communication in the artificial intelligence era. *The Lancet Global Health, 13*(11).
https://www.thelancet.com/journals/langlo/article/PIIS2214-109X%2825%2900313-4/fulltext

Reuters(2024.5.22). U.S. FCC chair backs requiring AI disclosure in campaign TV and radio ads. Reuters.
https://www.reuters.com/world/us/us-fcc-chair-backs-r

equiring-ai-disclosure-campaign-tv-radio-ads-2024-05-22/
Reuters(2025.3.20). Meta to seek disclosure on political ads that use AI ahead of Canada elections. Reuters. https://www.reuters.com/technology/artificial-intelligence/meta-doubles-down-political-ads-that-use-ai-ahead-canada-elections-2025-03-20/
The Guardian(2025.10.20). AI-generated 'poverty porn' fake images being used by aid agencies. https://www.theguardian.com/global-development/2025/oct/20/ai-generated-poverty-porn-fake-images-being-used-by-aid-agencies

10
공익 광고의 미래

한 편의 영상이 데이터와 알고리즘으로 조율되고, 사회 문제의 메시지조차 AI가 구성하는 시대가 열리고 있다. 그러나 기술이 아무리 정교해도 공익의 본질은 여전히 인간의 가치 판단에 있다. AI는 메시지를 더 빠르게 만들 수 있지만, 신뢰와 진정성은 자동으로 생성되지 않는다. 공익 광고의 미래는 '공익의 회복'에서 출발해야 하며, 기술적 진보와 인간적 가치가 조화를 이루는 방향으로 나아가야 한다.

AI와 미래 의사?

기술 혁신과 공익성의 새로운 균형

생성형 인공지능의 발전은 공익 광고의 제작 효율성과 창의적 표현 가능성을 동시에 끌어올리고 있다. 과거에는 오랜 촬영과 편집 과정을 거쳐야 했던 광고가 이제는 한 번의 실행으로 여러 버전을 만들고 즉시 비교할 수 있게 됐다. 예를 들어 코바코(KOBACO)가 최근 선보인 '디지털 범죄 예방' 공익 광고에서는 AI가 생성한 이미지를 활용해 현실과 상상의 경계를 넘나드는 연출과 혁신적 시청 경험을 제공하였다. 이러한 기술 혁신은 사회적 메시지의 확산 속도를 높이고 캠페인의 설계 폭을 넓혀 공익 광고의 실험성과 접근성을 동시에 강화하고 있다.

그러나 이와 같은 효율성의 이면에는 근본적인 질문이 자리한다. 기술은 누구를 위해 작동하는가? AI는 인간의 창의력과 생산성을 보조하지만, 데이터 기반 최적화와 자동화 과정은 공감, 진정성, 책임과 같은 공익 광고의 핵심 가치를 희석시킬 위험성도 내포한다. 특히 합성 이미지나 생성형 카피처럼 기술적으로 완성도는 높으나 제작 과정과 의도가 불투명할 경우, 사회적 신뢰 기반이 약화될 수 있다.

따라서 AI를 활용하더라도 공익 광고는 사회적 공감, 윤리적 책임, 진실성에 기반해야 한다. 기술 혁신 자체가 목적이 되어서는 안 되며, AI는 공익성과 신뢰라는 기준에 맞게 설계·적용되어야 한다. 이를 위해서는 기술 중심 제작 체계를 넘어 인간의 윤리, 사회적 가치, 신뢰 확보를 핵심으로 하는 가치 기반 공익 광고 생태계로의 전환이 요구된다.

아울러 공익 광고 미래 논의는 기술적 가능성뿐 아니라, 이를 지탱하는 제도·산업·윤리의 세 축을 함께 고려해야 한다.

신뢰 가능한 AI 공익 광고: 제도와 실천의 과제

정책적 과제: 투명성의 제도화

앞으로의 정책과 규제는 효율성보다 투명성, 책임, 윤리성을 중심에 두어야 한다. 특히 2026년 시행하는 「인공지능 기본법」은 생성형 AI 기반 콘텐츠에 대해 출처 고지 및 AI 활용 명시 의무를 규정하고 있으며, 이는 공익 광고 분야에도 영향을 미칠 전망이다. 광고 시장 내 허위·오인 방지, 알고리즘 오용 예방, 데이터 출처 관리 등과 관련된 세부 규정이 신설되면서, 공익 캠페인 역시 표시제의 확대 해석 대상이 될 수 있다.

이러한 투명성 제도는 시민의 알 권리와 커뮤니케이

션 신뢰 회복을 위한 기반이다. 정부와 공공기관은 AI 활용 공익 광고의 신뢰성을 제도적으로 담보하기 위해, AI 활용 인증제 · 제작 이력 관리 · 모델 정보 공개 등 '투명성 인프라'를 강화해야 한다. 예를 들어, 제작자가 어떤 모델을 사용했는지, 데이터는 어떤 출처에서 왔는지를 확인할 수 있는 'AI 제작 이력 관리 시스템'을 도입하는 것도 방법이다. 코바코의 AiSAC(AI Advertising Support and Creation System)처럼 광고 기획 제작 과정을 관리할 수 있게 해 주는 플랫폼은 향후 공공 영역 전체의 표준으로 발전할 여지가 있다.

다만 이러한 제도는 일방적인 규제가 아니라, 업계와의 협력과 참여를 전제로 해야 한다. 정부는 강제적인 의무 부과보다 업계가 자율적으로 참여할 수 있는 '공익 광고 AI 투명성 협약'이나 '윤리 가이드라인 인증제'를 도입할 수 있다. 예를 들어 AI를 활용한 공익 광고를 제작한 기관이 스스로 활용 내역과 데이터 출처를 공개하면, 정부나 공공 기관이 이를 인증해 주는 '자율 공시형 투명성 제도'를 운영할 수 있다.

이런 방식은 행정적 부담을 최소화하면서도 시민에게 신뢰 가능한 정보를 제공하고, 업계가 스스로 책임 있는 혁신을 추구하도록 유도할 수 있을 것이다.

산업적 과제: 공동 거버넌스의 구축

AI로 제작되는 공익 광고는 정부, 기관, 플랫폼, 제작사, 시민 단체 등 다양한 주체가 협력해야 하는 다중 주체 기반의 협력 생태계를 전제로 한다. 기존의 광고 심의 제도나 자율 규제만으로는 AI의 급속한 기술 발전과 윤리적 문제를 충분히 포괄하기 어렵다. 따라서 공익 광고 산업은 감독 중심이 아닌 협력과 조율 중심의 새로운 거버넌스 모델로 나아가야 한다.

이에 따라 업계는 'AI 공익 광고 윤리위원회(가칭)'와 같은 공동 감독 기구를 설립해 기술 검증, 데이터 출처 관리, 표현 가이드라인 제정 등 핵심 감독 기능을 수행할 필요가 있다. 다만 이 위원회는 '감독'보다 '협력'의 성격을 가져야 한다. 법적 제재를 가하는 기구가 아니라, 제작자 · 플랫폼 · 학계 · 시민 단체가 함께 참여해 자율 규제 원칙을 만들고 공유하는 '공동 논의의 장'으로 운영하는 것이 바람직하다. 위원회는 공익 광고의 AI 활용에 관한 우수 사례를 발굴하고, 자율적 점검 체크리스트를 배포하며, 광고 제작자 간의 상호 평가 시스템을 도입함으로써 '벌'이 아닌 '학습과 개선'을 중심으로 작동해야 한다.

이와 같은 논의는 실제 산업 현장에서도 시작되고 있다. 2025년 부산국제마케팅광고제는 'AI 광고 마케팅 시대, AI-vertising'이라는 주제로 개최되었으며, 생성형 인공지능 기술이 광고 제작부터 소비자 연결에 미치는 영향을 조명하는 약 40개의 세션을 통해 산업 전반의 변화와 전략을 다각도로 논의하였다(Newswire, 2025). 이러한 흐름은 AI를 효율과 혁신의 도구로만 보지 않고, 공익적 가치와 사회적 의미를 함께 설계하는 창작의 동반자로 인식하기 시작했음을 보여 준다.

이 변화는 개별 행사나 논의로 머물지 않아야 하며, 산업 전반의 구조적 협력으로 이어져야 한다. 공익 광고 생태계가 지속 가능하려면 기술 기업, 광고 제작사, 공공기관이 함께 참여하는 '개방형 데이터 협력 모델'이 필요하다. 업계가 공동으로 사용할 수 있는 '공익 캠페인 데이터세트'를 구축하고, 공공 기관이 이를 투명하게 개방하면 AI 모델의 편향을 줄이고 윤리적 학습 기반을 강화할 수 있다.

또한 업계 내에서는 AI 윤리 가이드라인을 자율적으로 마련하고, 참여 기업에게 '공익 광고 AI 책임 제작 인증'을 부여하는 방식의 인센티브 제도를 도입할 수 있다. 이를 통해 시장 내부의 자정 능력을 높이고, 윤리적 기준이 산업의 경쟁력으로 작동하도록 유도하는 것이 중요하다.

결국 산업의 자율적 혁신과 공공 영역의 지원이 균형을 이룰 때, AI 공익 광고는 기술과 가치가 함께 성장하는 지속 가능한 생태계로 발전할 수 있을 것이다.

윤리적 과제: 진정성의 회복

AI 기술로 생성된 인물 · 음성 · 영상은 이제 현실과 거의 구분되지 않을 만큼 정교해졌다. 그러나 공익 광고로 누군가를 설득하려면 공감과 신뢰의 형성이 전제되어야 한다. 즉, 사실의 재현을 넘어 진실한 메시지를 전달할 필요가 있다. 따라서 AI 생성물이 활용될 때는 사실적 한계와 표현 의도를 명확히 고지하여 투명성을 확보해야 한다. 예를 들어 "이 영상은 실제 피해 사례를 기반으로 한 AI 생성물입니다"라는 안내 문구는 진정성을 유지하는 최소한의 장치가 될 수 있다.

또한 감정 조작이나 편견 강화의 위험을 줄이기 위해 공익 광고용 AI 표현 가이드라인의 마련이 필요하다. 국제기구인 유네스코(2021)의 'Recommendation on the Ethics of Artificial Intelligence'와 OECD(2023)의 'AI Principles'는 AI 활용에 관한 핵심 윤리 원칙으로 인간 존엄성 존중, 투명성, 공정성, 책임성 등을 제시하고 있다. 이러한 국제 규범은 공익 광고 제작 윤리의 토대가

될 수 있으며, 이를 바탕으로 AI 활용 과정 전반에 적용 가능한 세부 가이드라인을 구축해야 한다. 이를 통해 감정 조작, 정보 왜곡, 편향된 메시지의 확산을 방지하고, 공익 광고의 제작 · 운영 과정에서 윤리적 책임의 제도화를 이끌 수 있다.

윤리적 감수성을 지속 가능한 산업 역량으로 내재화하기 위해서는 규제나 가이드라인 수립과 함께 교육과 학습 인프라가 병행되어야 한다. 광고 및 미디어 종사자를 위한 AI 윤리 교육의 제도화, 대학과 연수 기관에서의 데이터 윤리 · 사회 문제 해결형 AI 커리큘럼 운영, 그리고 정책 당국-산업계-학계 간의 지식 공유 체계 구축이 필요하다. 이러한 기반이 마련될 때 윤리와 책임은 일시적 담론이 아니라 산업 생태계 전반에 작동하는 실천 역량으로 자리 잡을 수 있다.

AI는 공익 광고를 더 빠르고 정교하게 만들 수 있다. 그러나 그것이 반드시 더 공익적이라는 뜻은 아니다. 공익 광고의 본질은 기술적 완성도에 있지 않다. 공동체 내의 신뢰를 잇고, 사람과 사람을 이해하게 하는 데 있다.

AI가 공익 광고의 언어를 새로 쓰고 있지만, 그 문장의 주어는 여전히 사람이어야 한다. 기술이 아무리 정교해

져도 그 안에 담길 최종 판단과 책임은 인간의 몫이다. 우리가 지켜야 할 것은 AI의 화려한 기술력을 제대로 사용할 줄 아는 안목이며, 신뢰와 윤리 위에서만 기술은 공익의 언어로서 의미를 가진다. 그럴 때 공익 광고는 사람의 마음을 잇는 미디어로 거듭날 것이다.

참고문헌

Newswire(2025.8.20). AI 시대의 마케팅·광고 어떻게 진화하고 있는가…2025 부산국제마케팅광고제 컨퍼런스 공개. https://press1.newswire.co.kr/newsRead.php?no=1017035

OECD(2023). OECD Principles on Artificial Intelligence. OECD Publishing.

UNESCO(2021). Recommendation on the Ethics of Artificial Intelligence. https://unesdoc.unesco.org/ark:/48223/pf0000381137

강승미

이화여자대학교 정책과학대학원 초빙교수다. 이화여자대학교에서 언론홍보영상학 박사학위를 받았으며, 중앙정부기관에서 정책 여론분석과 홍보 기획을 담당하며 공공 커뮤니케이션의 실무를 경험했다. 이를 바탕으로 뉴미디어 기술과 인공지능이 커뮤니케이션 환경과 정책 전달 구조를 어떻게 재편하는지에 주목하며 연구를 이어가고 있다. 주요 연구 분야는 전략 커뮤니케이션, 미디어 정책, 그리고 디지털 전환 시대의 콘텐츠·마케팅 전략이다. 현재 한국광고홍보학회 학술이사로 활동하고 있으며, 관련 논문을 KCI와 SCOPUS 등재 학술지에 다수 게재했다.